本项目得到中国科学院自然科学史研究所、

中国科学技术史学会传统工艺分会支持

中国手工艺

Chinese Handicraft

华觉明 李绵璐 主编

印刷

PRINTING

方晓阳 吴丹彤 著

大象出版社

图书在版编目(CIP)数据

印刷/方晓阳，吴丹彤著.—郑州：大象出版社，2009.12
(中国手工艺/华觉明，李绵璐主编)
ISBN 978-7-5347-5450-0

Ⅰ.印… Ⅱ.①方… ②吴… Ⅲ.印刷史—中国—古代
Ⅳ.TS8-092

中国版本图书馆 CIP 数据核字（2009）第 036690 号

中国手工艺

华觉明　李绵璐　主编

印刷

方晓阳　吴丹彤　著

责任编辑　杨吉哲
责任校对　李接力
封面设计　王翠云
出　　版　大象出版社（郑州市经七路 25 号　邮政编码 450002）
网　　址　www.daxiang.cn
发　　行　河南省新华书店
印　　刷　河南新华印刷集团有限公司印刷
版　　次　2009 年 12 月第 1 版　　2009 年 12 月第 1 次印刷
开　　本　787 × 1092　　1/16
印　　张　12.5
印　　数　1-3000
定　　价　48.00 元

若发现印、装质量问题，影响阅读，请与承印厂联系调换。
印厂地址　郑州市经五路 12 号
邮政编码　450002　　　电话　（0371）65957860-351

与手工艺同行

（总序）

手工艺具有实用的品格、理性的品格和审美的品格。

手工艺是人性的、个性的、能动的和永恒的。

手工艺的这些本质特征，决定了它具有重要的民生价值、经济价值、学术价值、艺术价值和人文价值。

中国是世所公认的手工艺大国。所有出土和传世的人工制作的文物、古建筑和古代工程，都是传统技艺的产物。只此一端，可见手工艺在中华文明的发展历程中曾起过何等重大的作用。

在现实生活中，锄、镰、斧、凿、桌、椅、床、柜、油、盐、酱、醋、纸、墨、笔、砚、青瓷、紫砂、刺绣、织锦、草编、竹编、木雕、玉雕、剪纸、年画、灯彩、风筝、金箔、银饰等仍在广泛使用，为人们所喜闻乐见。随着现代化程度的提升和生活水平的提高，手工艺制品和手工艺活动将有更大的拓展空间，从而凸现其现代价值和在维护文化多样性、保持民族特质方面的重大作用。

手工艺乃国之瑰宝。手工艺的保护和振兴是我国现代化建设的题中应有之义。

请珍爱手工艺，与手工艺同行！

华觉明

2007年9月20日

序言

印刷术是手工抄写和描绘文图的机械延伸，是传播信息、普及教育的重要工具。由中国人发明的印刷术，大大突破了人类感官的局限性，开拓了信息传播的新途径。随着印刷术在世界各地的推广应用，不仅在世界规模上重构了人们的对话，而且构筑了各个世纪文明的桥梁。印刷术的传播和贮藏知识信息的巨大功能，不仅为中国传统文化的发展与延续谱写了不朽的篇章，而且对世界文明的传播与发展做出了巨大的贡献。因此西方人把我国发明的印刷术与火药、指南针并称为改变了整个世界面貌和事物状态的“三大发明”。[①]

然而印刷术的发明并非一人一时一蹴而就的，而是经历了长期的孕育过程。新石器时代的斑纹布、商周以降青铜铭文的铸造和印章的刻制与钤印、秦汉以后的石刻和拓印等都在不同程度上为印刷术的发明提供了机械复制文图的思想准备和技术前提，尤其是中国最先发明了物美价廉的植物纤维纸，为中国发明印刷术创造了得天独厚的条件。吹印经书和捺印佛像图文更是雕版印刷发明的前奏，因此雕版印刷术最先在中国发明是顺理成章之事。由于印刷术本身具有巨大的

---

① 《马克思恩格斯全集》第7卷，人民出版社，第382页。

实用功能，因此得到迅速的传布与推广，并在中国获得登峰造极的发展。

中国人在发明雕版印刷以后，为了适应各种需求，在印版材料、印刷工艺和方法等方面不断创新，又相继发明了泥活字印刷、木活字印刷、金属活字印刷、纸币印刷、版画印刷、套色印刷、饾版和拱花印刷，以及磁版印刷和泥版印刷等，各种印刷术异彩纷呈。确凿的文献记载和大量各类早期印刷品实物遗存充分证明，中国不但在世界上最先发明了印刷术，而且是十多种印刷技艺发明的故乡。任何以某人某年开始印刷或以某一早期印刷品遗存作为界定印刷术发明的年代，进而争夺发明权的做法，都是极不科学的，也是不符合历史事实的。迄今西方仍有少数学者不顾中国印刷术的西传及其影响之事实，而以1450年德国谷登堡用金属活字印刷了《四十二行圣经》作为印刷术发明的年代，并誉谷登堡为“印刷之父”，好像印刷术这一伟大发明是一人一时突然发明出来的，这不符合印刷术从思想到技艺经过了长期孕育过程的历史真相。事实上谷登堡的活字印刷虽有创意，但却比中国毕昇发明泥活字印刷术晚了400年，甚至比朝鲜受中国印刷术的影响于1436年采用铜活字印刷也晚了十多年。近年来，韩国个别学者仅据1966年在朝鲜半岛庆州佛国寺发现的唯一一件唐代《陀罗尼经咒》，无视新罗王朝热衷于学习中国文化和制度、频繁派遣留学生和僧侣到中国长安学习等中朝文化交流的历史事实，也不顾《陀罗尼经咒》全为中文印刷并有武后特有的制字，而欲争夺印刷术的发明权，潘吉星先生已撰文予以驳斥，并为国际学术界所认同。

本书由方晓阳与吴丹彤共同承担。在写作过程中，为了解掌握传统印刷技艺的第一手资料，我们先后赴南京、上海、北京、天津、苏州、扬州、河南等地进行了实地考察，得到了南京金陵刻经处、上海朵云轩、北京荣宝斋、天津杨柳青玉成号画庄、苏州桃花坞年画社、江苏广陵古籍刻印社、扬州双博馆、河南朱仙镇年画社等的大力支持，中国国家图书馆与安徽省图书馆善本特藏部等单位也给予了诸多的协助，在此一并表示衷心的感谢。

作者

2007 年 12 月

目录

第一篇

雕版印刷

一、雕版印刷术的起源与发展

在中国传统印刷中，雕版印刷术是流传最广、应用最为普遍、对中国文化影响最大的一种印刷术。它的发明与应用，不仅对中国传统文化的传播、发展与保存功不可没，而且推动了世界文明的发展。有关雕版印刷术发明的时间，张秀民曾归纳总结为七种，即印刷术起源于东汉说、东晋说、魏晋南北朝说、隋朝说、唐代说、五代说与北宋说①。如果加上对同一朝代不同年代的争论，有关印刷术起源时间的说法已有十数种。虽然五代说与北宋说已随唐代早期印刷实物的出现而得到修正，但雕版印刷术最早出现于何时，还有待进一步研究。

（一）南北朝时期

在中国国家图书馆保存有一份写本佛经《杂阿毗昙心论》卷十。该写本佛经所用为麻纸，卷轴装，纸厚0.09～0.15毫米，卷长135.1厘米，高27.9厘米，首尾残缺，其背面捺印有数幅佛像。通过对原件仔细观察，这些捺印佛像是用同一块印版捺印而成，从捺印佛像的墨色变化来看，印版是每着墨一次，在纸上连续捺印三至四次，捺印的顺序是自右而左。整个捺印佛像高14.5厘米，宽11.8厘米，图文排列为中间是坐姿佛像，四周环绕梵文文字。佛像具有印度人装束，线条流畅，精细均匀。佛像四周环绕的梵文文字，字母虽小，但刻制非常精细。整块印版雕刻技巧纯熟，但捺印质量不是太高，佛像四周环绕的梵文文字多数模糊不清。

---

①张秀民：《中国印刷术的发明及其影响》，人民出版社，1958年，第27～54页。

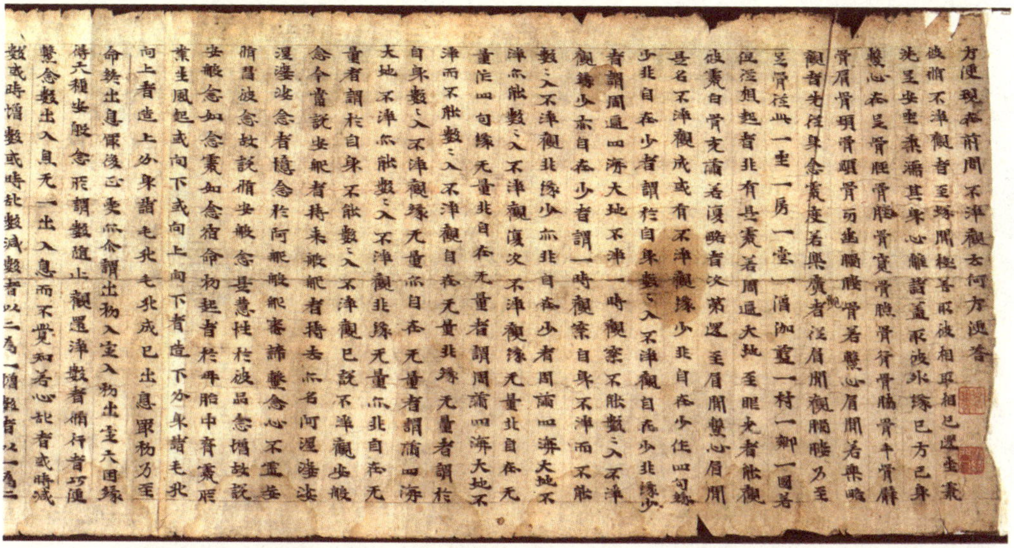

图 1–1　东晋（317～420 年）写本《杂阿毗昙心论》

图 1–2　写本《杂阿毗昙心论》背后的捺印佛像

图 1–3 写本《杂阿毗昙心论》背后钤印的“永兴郡印”

据中国国家图书馆的展品介绍，这份写本的抄写年代为东晋（317～420年），《中国国家图书馆藏敦煌遗书精品选》也作此说。但是，从写本背面多处盖有的“永兴郡印”来推断，上述断代还值得推敲。据史书记载，永兴郡始置于南齐隆昌元年（494年）[①]，属宁州，在今云南省境内。502年南齐灭亡后，这一建制未见延续。如果写本背面加盖的“永兴郡印”和捺印佛像的时间与写本相同，则上述写本的年代当在494～502年之间[②]。

已有学者指出，中国雕版印刷术的起源与佛像的雕印有关。这种佛像的雕印在7到8世纪的中国、日本甚至印度十分流行，而其发明地则被认为是在中国[③]。在斯坦因从敦煌莫高窟盗走的文物中就有不少捺印佛像，而且还有捺印木版，基本属于8～10世纪的遗物[④]。在中国国家图书馆主办的

①南朝梁·萧子显：《南齐书》卷十五，中华书局，1972年。

②石云里：《新公开的敦煌南齐写本上的捺印佛像》，《中国印刷》，1999年第10期。

③潘猛补：《论佛教对雕版印刷术的影响》，见上海新四军历史研究会印刷印钞分会编：《雕版印刷源流》，印刷工业出版社，1990年。本文原载《法音》第6期（1982年11月30日出版）。

④宿白：《唐宋时期的雕版印刷》，文物出版社，1999年，第120～122页，191页。

“纪念敦煌藏经洞发现一百周年”展览中也展出了两幅木版捺印千佛像[①]以及几个捺印佛像的雕版，属于归义军时期的遗物。佛像雕印在中国出现的最早时间迄今仍然是一个谜，有人推测其出现的上限为7世纪初的隋朝末期[②]，但从上述写本佛经《杂阿毗昙心论》背后的佛像与“永兴郡印”来推断，这个年代可以上溯到5世纪末到6世纪初。

在《南齐书》中也有两条与印刷术起源背景有关的资料，其中一条是裴昭明“永明三年使虏，世祖谓之曰：‘以卿有将命之才，使还，当以一郡相赏。’还为始安内史。郡民龚玄宣，云神人与其玉印玉板书，不须笔，吹纸便成字。自称‘龚圣人’，以此惑众，前后郡太守敬事之。昭明付狱按罪”[③]。其中的“玉印玉板书，不须笔，吹纸便成字”值得重视。

通过模拟实验，笔者认为“玉印玉板书，不须笔，吹纸便成字”的吹印方法是可行的，虽然这种技法有点故弄玄虚，但与雕版印刷术的关系较之拓印、钤印（捺印）更为密切。因此，可以说继晋代葛洪（284～363年）关于120字的“黄神越章之印”压印的记载之后，南齐时又有永兴郡捺印佛像实物存世，加之《南齐书》“玉印玉板书，不须笔，吹纸便成字”的记载，看来公元4世纪到5世纪是雕版印刷术发明前技术背景浓缩凝聚而喷薄待发的重要时代。

（二）唐代

唐代是我国历史上政治、经济、文化空前繁荣的时期。政治的稳定、文化的发达、艺术的繁荣、宗教的兴盛、科技的发展，促进了印刷术的使用和发展。尤其是佛教徒大量复制经书的需求，以及在人才选用方面推行科

①中国国家图书馆、上海龙华古寺、《藏外佛教文献》编辑部合编：《中国国家图书馆藏敦煌遗书精品选》，第54～55页。

②潘猛补：《论佛教对雕版印刷术的影响》。

③南朝梁·萧子显：《南齐书》卷五三，中华书局，1972年。

举制度，大大刺激了中下层人士学习文化、研读书籍的追求，为雕版印刷取代手工抄写提供了广泛的社会需求。虽然唐代的印刷实物与文献佚失较多，但是毕竟还有一些保留至今，由此可见唐代雕版印刷技术应用之一斑。

1906年在新疆吐鲁番出土的《妙法莲花经》（*Sacdharma pundarika sutra*，简称《法华经》)，是在中国境内迄今发现最早的卷子本印刷品。该经406年由后秦龟兹（今新疆库车）僧人鸠摩罗什（Kumārajīva，344～413年）译自梵典，共8卷28品，为中国天台宗经典。出土的只是其中一部分，分别是《分别功德品第十七》和《无量寿佛品第十六》，计194行，相当于卷五的部分内容。此经印刷在黄色麻纸上，一纸印一版，每行19字，作卷轴装，经文中有武周制字。该经初期由新疆布政使王树楠（1851～1936年）收藏，后来转到日本人江藤树雄之手，最后被日本人中村不折收藏于他在东京创办的书道博物馆中。对此经的刊刻年代，中村不折曾认为是隋刊本，日本版本目录学家长泽规矩研究后判定为武周刊本。“其刊行年代为武周初期至中期（690～699年)，因而是中国境内迄今发现最早的卷子本印刷品。”①

1906～1908年，供职于印度政府的匈牙利人斯坦因（M. A. Stein）二

图1-4　1906年在新疆吐鲁番发现的《妙法莲花经》。现藏日本书道博物馆

①潘吉星：《中国科学技术史·造纸与印刷卷》，科学出版社，1998年，第345页。

图 1–5　敦煌出土 868 年所印《金刚经》中的扉画，画中佛祖释迦牟尼正和弟子须菩提谈话，四周是侍者和众神。现藏英国不列颠博物馆

次考古于中国西陲，在今甘肃敦煌市鸣沙山千佛洞藏书石室中发现了《金刚般若波罗蜜经》雕印本（图 1–5、图 1–6）。该印本外观呈经卷状，由 7 张长两尺半、高 10 寸半的白纸粘贴而成，全长 17 尺半。卷首有扉画一帧，内容是释迦牟尼佛在祇园精舍向须菩提说法的故事，卷末有“咸通九年四月十五日王玠为二亲敬造普施”题字。该经现藏英国不列颠博物馆（British Museum），是现存最早明确注明印刷年、月、日的卷子本书籍。

从经卷的整体看，其装帧风格与古代的写本非常相似，文字优美、刻印精细。尤其是该经卷首的扉画，在中国版画史上具有非常重要的地位。该扉画不同于一般壁画上那种释迦端坐的正面构图，而是采用佛祖坐在莲花座上，与跪在地上的弟子须菩提交谈的构图模式。须菩提袒露右肩，右膝

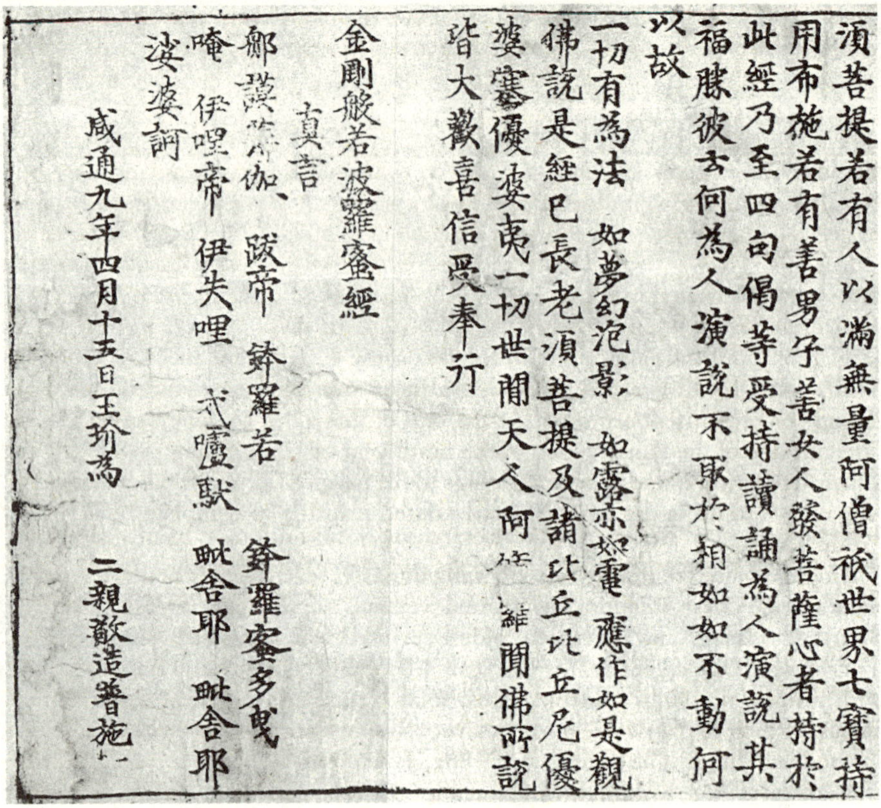
須菩提若有人以滿無量阿僧祇世界七寶持
用布施若有善男子善女人發菩薩心者持於
此經乃至四句偈等受持讀誦為人演說其
福勝彼云何為人演說不取於相如如不動何
以故
一切有為法 如夢幻泡影 如露亦如電 應作如是觀
佛說是經已長老須菩提及諸比丘比丘尼優
婆塞優婆夷一切世間天人阿修羅聞佛所說
皆大歡喜信受奉行
金剛般若波羅蜜經
真言
那謨薄伽跋帝 鉢羅若 鉢羅蜜多曳
唵 伊哩帝 伊失哩 戍嚧馱 毗舍耶 毗舍耶
莎婆訶
咸通九年四月十五日王玠為 二親敬造普施

图 1–6 敦煌出土 868 年所印《金刚经》，署有印造时间与印造人。现藏英国不列颠博物馆

着地，双手合掌，作起问之状，佛祖慈善安详地加以指点。佛祖四周有二金刚护法左右而立、两飞天翩翩翱翔，侍者之中，有身着汉族服装的官员，也有身披袈裟的僧侣。整体布局大方，全图用笔工整，人物表情生动，衣着线条流畅，背景繁而不乱，立体感颇强。从绘画艺术来看，该画可视为盛唐时期白描佛像画的典范，并对后代佛典扉画产生了深远的影响，如西夏佛典扉画、《赵城藏》扉画中都依稀可见这种风格的遗存。从印刷技术来看，精雕细琢、印刷清晰、墨色均匀，除佛祖背上的光环内圈有一处不太圆润外，其他各处一丝不乱。由此可见，当时我国的雕版印刷技术已经相当成熟，其刻印技巧甚至可与明代精雕细琢的徽派版画相媲美。

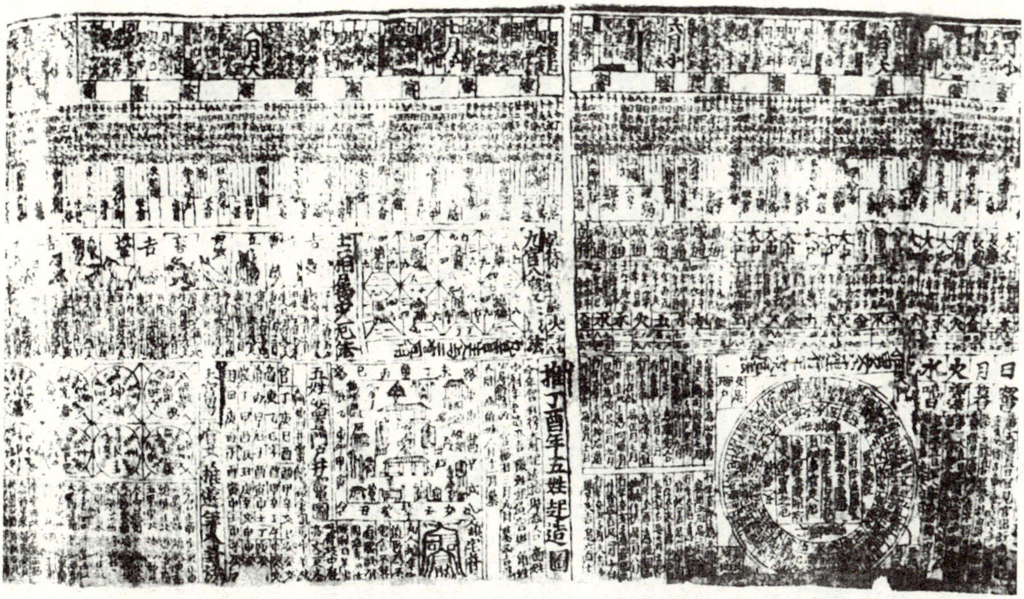

图 1–7　唐僖宗乾符四年（877 年）印刷的《丁酉具注历》。现藏英国不列颠图书馆

敦煌石室发现的还有以短诗形式写的陀罗尼经咒《一切如来尊胜佛顶陀罗尼》以及唐僖宗乾符四年（877 年）丁酉印本历书（图 1-7）与首行刻有“剑南西川成都樊赏家历”的唐僖宗中和二年（882 年）印本历书残页。其中唐僖宗乾符四年印本历书是民间印刷作坊中质量较为精良者。通过对这幅由许多笔画细密的画像、图表、历日以及十二生肖等组成的印本历书进行技术分析表明，当时民间印刷者已能熟练调整印版、纸张、印墨三者的适印性，正确处理印版材质、印版图案、印刷纸张与印墨浓度、刷墨多少之间的关系。

1944年，在成都东门外望江楼附近的唐墓葬中出土一张一尺见方的印本《陀罗尼经咒》（图 1-8），上刊“□□□成都县□龙池坊……近下□□印卖咒本……”据冯汉骥报道，此经咒印纸31厘米 × 34厘米，略呈方形，“纸为茧纸”，极薄，半透明，但韧性甚强，置于死者佩带的银镯子中间。死者口中含有“开元通宝”铜钱两枚，左右手中各握开元钱一枚及玉棒，钱背

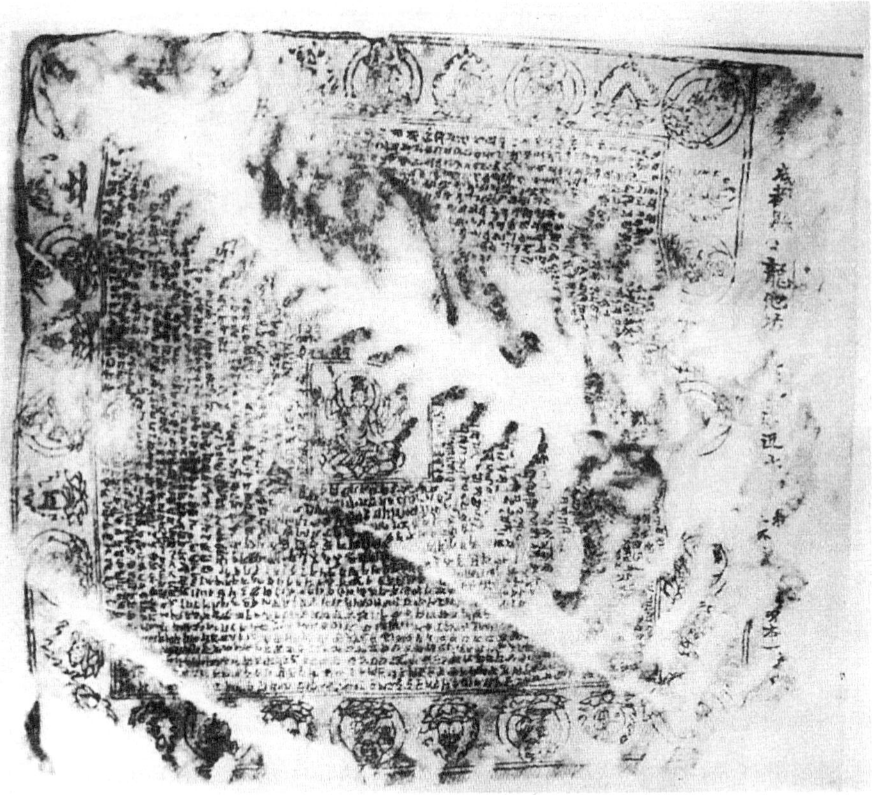

图 1–8　成都龙池坊卞家刊本《陀罗尼经咒》。现藏四川省博物馆

铸有“益”字，表明铸于益州府。为此，冯汉骥主张“成都县”前脱落的三字为“成都府”，铜钱铸于唐武宗会昌年间（841～846 年），将此墓及墓内所有物定为会昌年以后唐末之遗物①。从该经咒的修复件上可见中心有一双边的方框，框内是一尊坐在莲花座上的六臂菩萨像，六臂各执一件法器，身后有两道环状背光。方框外四周转绕梵文经咒 17 行，环读。梵文经咒外还有两道双边的墨线，两道墨线之间印有佛像、莲花、手印等。从整幅经咒的刻印水平来看，构图紧凑、佛像与法器等造型准确，但线条不太流畅，尤其是“□□□成都县□龙池坊……近卞□□印卖咒本……”各字大小不

①冯汉骥：《记唐印本陀罗尼经咒的发现》，《文物参考资料》，1957 年第 5 期，第 48～51 页。

图 1-9　韩国佛国寺释迦塔

一，似信手写来，给人以瑜瑕并存之感。

1966年10月13日，韩国庆尚北道庆州市的佛国寺在重修释迦塔时，在三层室塔的第二层塔身中间50厘米见方的舍利池内，发现了金铜舍利外函，在外函的内部除放置着三个“金舍利庄严具”之外，还放置一包用多重绫绢包裹着的刻本纸质佛经。这部佛经作卷轴装，卷尾有竹质经轴，轴上涂漆。经卷前半部有残损，尤其是经首一段损坏特别严重，经卷后一部分相对完好，结尾有尾题“无垢净光大陀罗尼经”（图1-10）。此经印本版框直高5.4厘米，横宽为直高的8倍左右，共用12版，版框上下单边，每版55～63行，每行7～9字，一般8字，刻以唐人写经楷体字。每版印一纸。印刷用纸为黄色麻纸和楮纸，每纸直高6.5厘米，横宽52.5～54.7厘米。印好后的纸张经粘连后用木轴卷之，经卷总长640厘米。

《无垢净光大陀罗尼经》发现之后，对这部经咒印刷地点的研究，韩国学者认为该经与佛国寺创建有关，应该是751年在新罗刊雕的，说明韩国

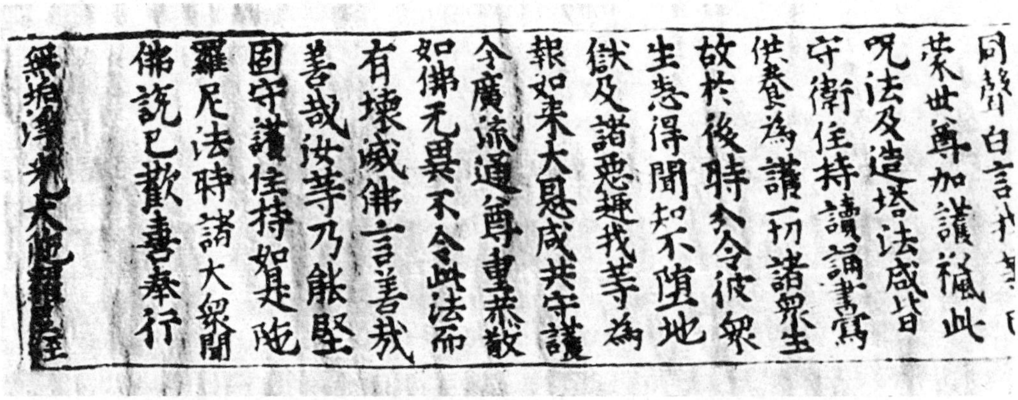
同聲白言我等
蒙世尊加護攝此
呪法及造塔法咸皆
守衛住持讀誦書寫
供養為護一切諸衆
故於後時令彼衆
生悉得聞知不墮地
獄及諸惡趣我等為
報如來大恩咸共守護
令廣流通尊重恭敬
如佛无異不令此法而
有壞滅佛言善哉
善哉汝等乃能堅
固守護住持如是陁
羅尼法時諸大衆聞
佛說已歡喜奉行
無垢淨光大陁羅尼經

图 1–10　1966 年发现于韩国佛国寺释迦塔中的《无垢净光大陀罗尼经》

是世界上最早发明雕版印刷术的地区。1979年胡道静先生在《书林》上撰文发表了有关消息之后，中韩学者对此进行了长期争论。1981年张秀民发表论文，论证这件《无垢净光大陀罗尼经》不是韩国的印刷品。钱存训认为，“在朝鲜发现的那唯一的一份《陀罗尼经咒》，却很可能是在中国印刷的……很可能是在佛国寺建成时带往朝鲜作为贺礼的”①。对该经咒的印刷年代，研究者根据该经公元704年才译成汉文，以及经文中有几个武周时期写法特殊的汉字来判断，印成时间可能在唐代武则天在位时期（684～704年）的最后一年或者更晚一些。但最晚也不会晚于751年，因为这一年佛国寺和舍利塔已完工。对该经咒版本的研究，韩国大真大学校文献情报系教授柳富铉2001年在中国佛学院学报《法源》上刊登了题为《〈无垢净光大陀罗尼〉现存本原文演变考》的文章，对701年以来各种收入大藏经或以单本流传的《无垢净光大陀罗尼经》进行了校勘，得出结论：《无垢净光大陀罗尼经》的底本系统与《资福藏》的底本系统或者《崇宁藏》的底本是同一系统的。如果这个结论成立，出现在新罗的《无垢净光大陀罗尼经》底本可能是从中国江南地区传过去的。

① 钱存训：《纸和印刷》，科学出版社，上海古籍出版社，1990年，第135页。

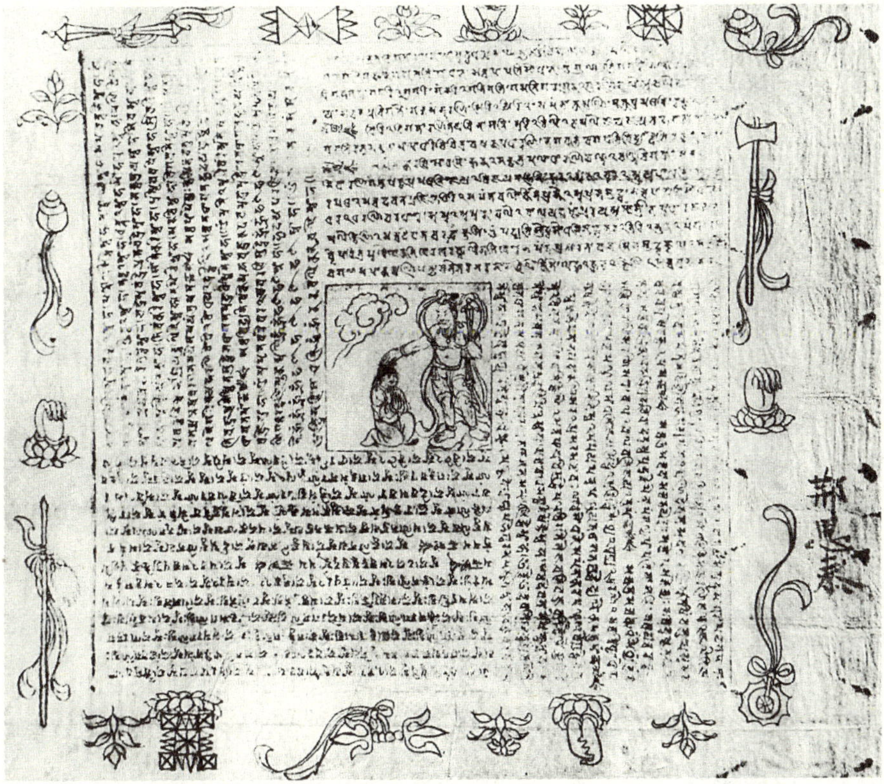

图 1-11 1967 年陕西西安西郊张家坡西安造纸厂工地唐墓出土的梵文《陀罗尼咒经》

1967年，中国科学院考古研究所西安工作站在西安西郊张家坡西安造纸厂工地收集到唐墓出土的梵文《陀罗尼咒经》印本一纸（图 1-11），该纸原插入小铜管中，其他同出遗物不详。[①] 该《咒经》高 27.8 厘米、宽 32.5 厘米，框内高 22.6 厘米、宽 22.9 厘米。文字作环状排印，中间上下左右各印梵文 13 行，边缘较中心稍有些模糊。文字外围印有单线边框，边框外有手工墨绘的供养花朵、法器和手印，显然是印刷之后加入的。有人认为这幅《咒经》是由 4 块版捺印造成的，笔者则认为这是由一块印版印制而成，墨色的浓淡不匀是因为刷墨不匀所造成的。

①安家瑶、冯孝堂:《西安沣西出土的唐印本梵文陀罗尼咒经》,《考古》, 1998 年第 5 期。

除上述之外，唐代的印刷物还有："文革"期间，安徽省考古研究所在阜阳一土坑唐墓中发现了残存半幅的梵文《陀罗尼咒经》印本，同时出土的遗物还有白瓷碗、盘，碗饰四曲葵瓣；1974年，西安市文管会在西安西郊西安柴油机厂征集到从土坑唐墓中出土的梵文《陀罗尼咒经》印本一件；1975年，西安市文管会从西安冶金机械厂征集到从土坑唐墓中出土的印本《陀罗尼咒经》一件等。

从以上唐代雕版印刷实物可以得知：目前发现最早的雕版印刷物时间为7世纪中后期，最晚的约为9世纪末。刻印地点主要集中在当时西部的长安与西南的成都。刻印行业已形成了专业化的家庭手工业作坊，如长安东市的李家、刁家，成都的樊家、过家、卞家。此外，从现存唐代早期的雕版印刷品质量来看，优美的字体，使人相信当时已有专门负责写经的书手；线条流畅的绘画，表明造像多出自于专业画家之手且刻工已具有高超的技艺；印品上细密而清晰的墨线，使人联想到专门的刷印者已经出现在印刷行业之中……使人们确信唐代初期我国的雕版印刷技术已相当成熟并且已相当普及。

（三）五代十国时期

公元10世纪前半叶的五代十国，虽然朝代更替、政权分立、战乱频繁，统治者纵横捭阖，生灵涂炭、民不聊生，但雕版印刷术却以它巨大的生命力在很多地区得到了推广与应用，官刻本、坊刻本和私家刻本都很流行，并形成了以河南境内的洛阳与开封、前后蜀的四川、南唐的金陵和吴越的杭州为代表的印刷中心。

五代十国时雕印的佛教印刷品数量较多，其中最著名的是钱俶所印的经咒《宝箧印陀罗尼经》。钱俶是吴越国王，公元948～978年在位，建都杭州，曾多次印刷《宝箧印陀罗尼经》。目前能够找到的版本共有三种：第一种是956年的印本，1917年发现于湖州天宁寺的一座塔中。该版本经文

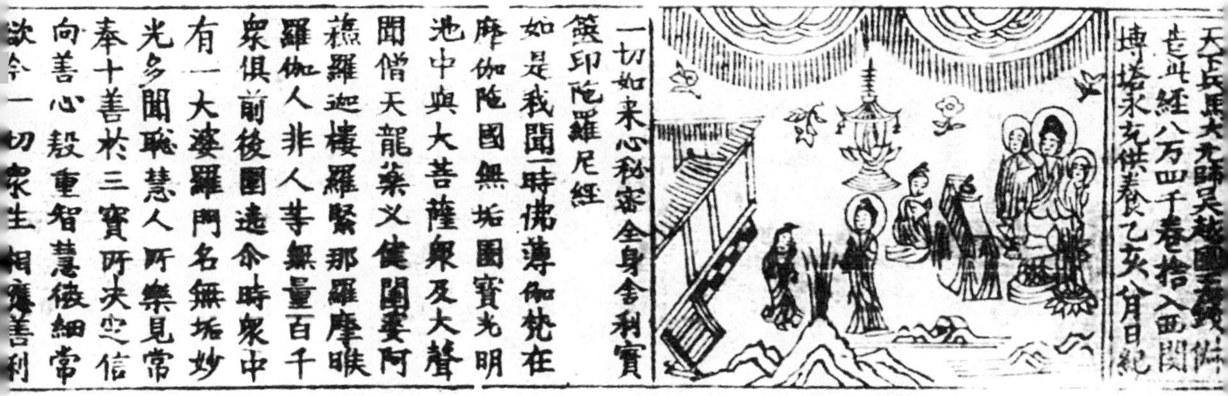

图1–12　吴越国王钱俶所印经咒，975年。现藏芝加哥大学远东图书馆。取自钱存训《纸和印刷》

直高7.5厘米，长约60厘米，共341行，每行8～9字。卷前有图像，并有题字“天下都元帅吴越国王钱弘俶印宝箧印经八万四千卷在宝塔内供养。显德三年丙辰岁（956年）记”。第二种是“乙丑”（965年）印本，是1971年在浙江绍兴一座涂金舍利塔中发现的。该版本雕刻精细，印刷精良，经文每行11～12字，纸为白色藤纸。第三种版本是“乙亥”（975年）印本，是1924年著名的杭州雷峰塔倒塌之后发现的。经文共271行，每行10或11字，经卷中所题的字和另外两种印本略有不同。卷首画有一位王后与若干侍女正在上供许愿。从上述经卷的雕刻与印刷情况来看，最令人注意的是经卷的印刷数量。从“印宝箧印经八万四千卷在宝塔内供养”一句来看，当时有可能在一块印版上连续刷印八万多次。另外杭州名刹灵隐寺的方丈延寿（904～975年）也可能在一块印版上印刷过上万份的观音像与十多万份的弥勒佛像。从上述五代十国时期雕版印刷的数量来分析，当时雕版的耐印程度几与现代的铅活字印版相当，表明五代十国时期雕版刻印技术均已达到较高水平。

五代十国时期我国北方地区也刻印了大量的佛教印刷品，如巴黎国立图书馆藏伯希和1908年从敦煌石窟中取得的中国珍贵文物中就有刻印的佛像作品若干。其中有观音菩萨像单页印本、大圣毗沙门天王像、文殊师利

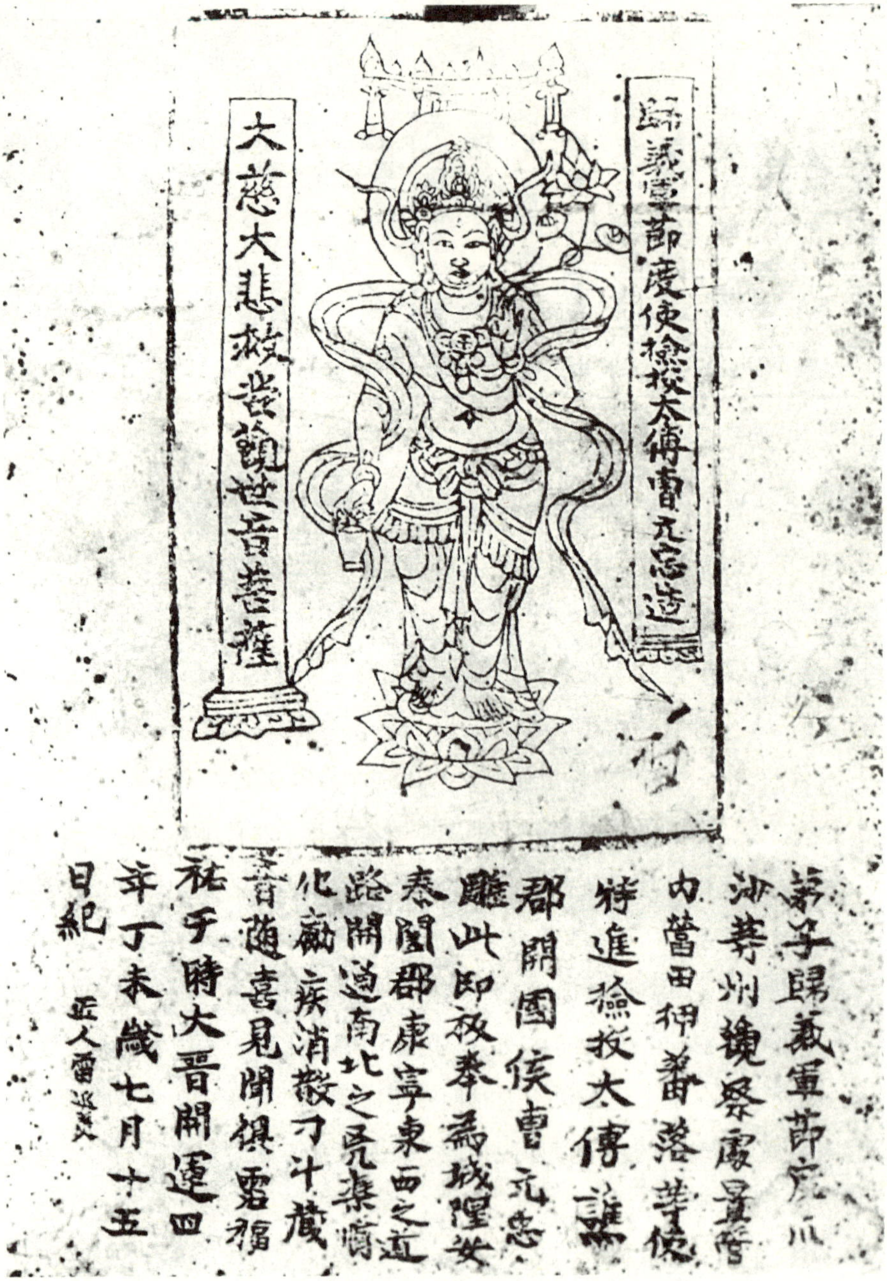

图 1–13　曹元忠造“大慈大悲救苦观世音菩萨像”。取自宿白《唐宋时期的雕版印刷》

菩萨像单页印本、阿弥陀菩萨像印本、地藏王菩萨像印本等。这些佛像印本均呈上图下文形制，其中两种明确印有印造时间、施主姓名、雕版匠姓名。如观音菩萨像单页印本的左右两侧印有“大慈大悲救苦观世音菩萨”、“归义军节度使检校太傅曹元忠造”之字样，图下有文字“弟子归义军节度、瓜沙等州观察……特进检校太傅、谯郡开国侯曹元忠雕此印板，奉为城隍安泰、阖郡康宁，东西之道路开通……疠疾消散……时大晋开运四年丁未岁（947年）七月十五日纪，匠人雷延美”。这为后人研究五代时期我国北方地区的雕版印刷提供了重要的信息，尤其是该印本后的“匠人雷延美”可能是我国古代最早在印本中出现姓名的刻工。

五代十国时期除印刷了大量的佛经与历书外，还首次刊印了儒家和道家的经典。此外，文学选集、历史评论和类书等印刷也在这个时代呈现出兴旺发达的局面。自董仲舒“诸不在六艺之科、孔子之术者，皆绝其道，勿使并进”的建议被汉武帝采纳、儒家思想为后继统治者接纳以来，为了统一儒家经典文本，至少镌刻过三次石经。印刷术发明并推广之后，后唐长兴三年（932年），宰相冯道（882～954年）奏请敕令国子监刻印儒家经典，唐明宗批准了这一请求，令国子监集博士儒徒以唐代开成石经为标准，校正抄写《易》、《诗》、《书》、《左传》、《公羊传》、《穀梁传》、《仪礼》、《周礼》、《礼记》等“九经”，然后由书法高手将经文用端楷写出，再雇人雕刻印刷。这项工作历经四朝，一共用了22年，至953年才全部完工，开历史上由中央政府组织刻印大部头儒家经典之先河，为国子监发卖定版图书之开端。作为私人刻印儒家经典的代表，当推后蜀（今四川）宰相毋昭裔。有关毋昭裔拜相后刻印《文选》、《初学记》等书籍广飨学者的故事，在后代许多有关书籍和印刷史的著作中多次出现，这一方面可能与儒家学者宣传印书荫德报应有关，另一方面也证明了当时私人印刷大部头儒家经典的能力。除了儒家经典外，第一部道家经典《道德经广圣义》也在这个时期被刻印出来。这部由道士杜光庭研究唐玄宗所注《老子》的著作，于913年自费雕版刻印，一共使用了大约460块印版。后晋石敬瑭也于940年赞助道士刻印道家经典。五代十国时期刊印的史学类与诗歌类等著作主要有刘知幾的《史通》与徐陵编的《玉台新咏》，它们分别是史学理论专著和古代诗集的第一种印本。一些个人诗集如蜀地刻印的僧人贯休的《禅月集》在923年由贯休的弟子昙域印行，当时的诗人和凝也刻印了几百份自己的诗歌集分惠别人，这些都为后来中国盛行出版个人文集开一代先河。

尤其值得注意的是，五代期间已出现了专供雕版印刷使用的标准字体——后晋国子监于开运三年（946年）出版的《五经文字》及《九经字样》各一卷。标准印刷字体的出现，这在世界印刷史上是一个首创。

（四）宋辽金元时期

两宋时期是我国雕版印刷技术迅速发展与更趋成熟的阶段。自北宋王朝结束了五代十国时期的割裂局面之后，社会基本稳定，经济、文化与科技均较前期有了新的发展。雕版印刷技术更加成熟，印刷内容更加广泛，经、史、子、集无所不包，官刻、坊刻、家刻遍及全国，尤其是宋代政府的最高统治者对图书编纂印刷给予的特别关注，更是大大刺激了宋代印刷事业的推广普及与进步。如宋太宗赵光义于太平兴国二年（977年）曾敕命翰林学士李昉主持《太平御览》、《太平广记》和《文苑英华》这三部总共2500卷的大书的编纂与印刷；宋真宗曾在景德二年命资政殿学士王钦若、知制诰杨亿主编《历代君臣事迹》千卷，并赐名《册府元龟》；宋神宗赵顼也亲为司马光主编的《资治通鉴》赐名并制序。另外从944年开印到1061年竣工的“十七史”也是在最高统治者敕命下首次刊印的历代正史。宋代敕命刊刻的书籍还有佛经著作，如宋太祖敕命高品、张从信在益州（成都）主持刊刻的《开宝大藏经》，共5048卷，历时12年，开刊刻佛教巨著之先河，为后来刊刻《崇宁藏》、《毗庐大藏》、《圆觉藏》、《资福藏》、《啧砂藏》以及其他各国刻印佛家巨型丛书树立了典范。这些大部头书籍的刊印，一

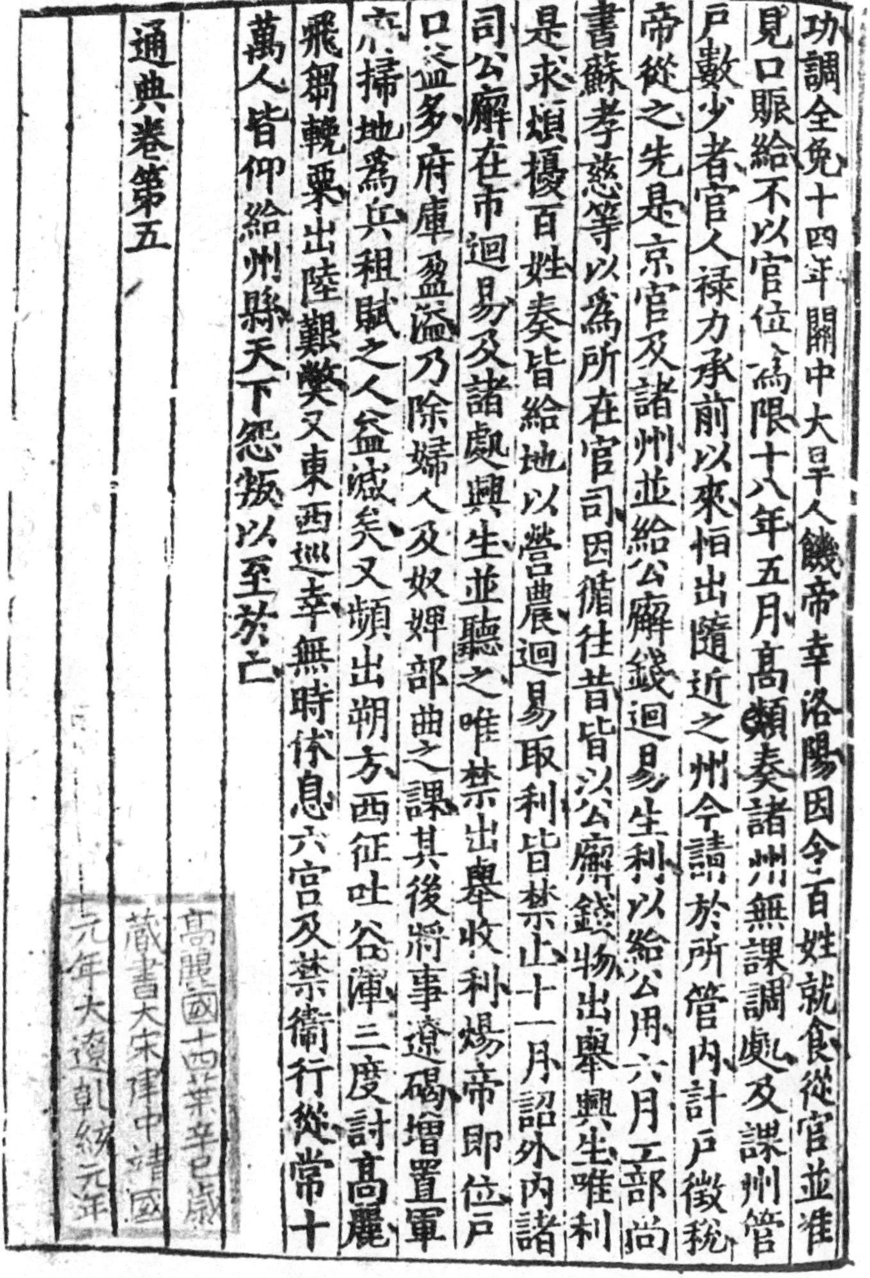
功調全免十四年關中大旱人饑帝幸洛陽因令百姓就食從官並准
見口賑給不以官位爲限十八年五月高熲奏諸州無課調處及課州管
戶數少者官人祿力承前以來恒出隨近之州今請於所管內計戶徵稅
帝從之先是京官及諸州並給公廨錢迴易生利以給公用六月工部尚
書蘇孝慈等以爲所在官司因循往昔皆以公廨錢物出舉興生唯利
是求煩擾百姓奏皆給地以營農迴易取利皆禁止十一月詔外內諸
司公廨在市迴易及諸處興生並聽之唯禁出舉收利煬帝即位戶
口益多府庫盈溢乃除婦人及奴婢部曲之課其後將事遼碣增置軍
府掃地爲兵租賦之入益減矣又頻出朔方西征吐谷渾三度討高麗
飛芻輓粟出陸艱難又東西巡幸無時休息六宮及禁衛行從常十
萬人皆仰給州縣天下怨叛以至於亡
通典卷第五
高麗國十四葉辛巳歲
藏書大宋建中靖國
元年大遼乾統元年

图 1–14　宋刻《通典》。有高丽肃宗“高丽国十四叶辛巳岁藏书大宋建中靖国元年大辽乾统元年（1101 年）”藏书印。现藏日本宫内厅书陵部。取自宿白《唐宋时期的雕版印刷》

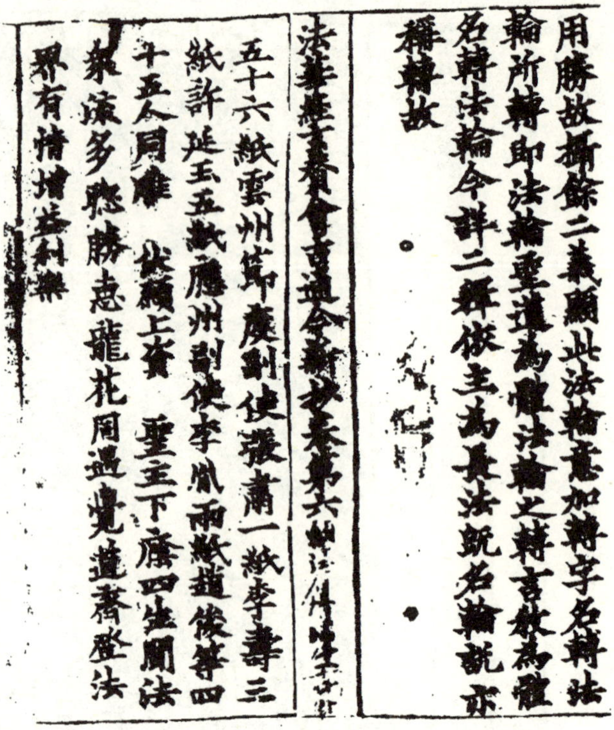
用勝故擯餘二義爾此法輪意加轉字名轉法
輪所轉即法輪聖道爲體法輪之轉言教爲體
名轉法輪今許二釋依主爲長法既名輪説亦
稱轉故
法華經玄贊會古通今新抄卷第六
五十六紙雲州節度副使張肅一紙李壽三
紙許延玉五紙滕州副使李胤兩紙趙俊等四
十五人同雕　伏願上資　聖主下廣四生聞法
衆流多聽勝惠龍花週遇覺道齊登法
界有情增益利樂

图1–15　辽刻本中“四十五人同雕”字样。取自张树栋等《中华印刷通史》

方面显现出政府对印刷事业的支持与印刷技术的普及与推广，另一方面显现出印刷技术与印刷管理水平都较前期有所提高。

在统治者的倡导下，两宋期间地方政府机构与民间刻书的积极性都很高，当时各路、州、县的政府机构、书院刊刻的重要书籍有：两浙东路茶盐司刻《资治通鉴》（1133年刻成）、《礼记正义》（1192年刻）、《旧唐书》（南宋初刻）等，江西转运司刊《本草衍义》（1185年刊于南昌）、抚州公使库刊的《礼记注》（1177年刊于临川）、荆湖北路安抚使司刊《建康实录》（1147年刊）、临安府（今杭州）1133年刊《汉官仪》、上饶郡学1250年刊宋人蔡沈《蔡九峰书集传》、吉安白鹭洲书院1284年刊《汉书注》等。民间家刻的书籍有：陆游之子陆子遹所刻《渭南文集》（1220年），周必大所刻《欧阳文忠公集》153卷（1191年）与《文苑英华》（1201～1204年），福建廖莹中“世彩堂”于咸淳年间（1265～1274年）所刻唐人韩愈《昌黎先生集》40卷及柳宗元《河东先生集》44卷，岳飞之孙岳珂的相台家塾所刊刻的“九经”、“三传”，建安黄善夫家塾“之敬堂”1195年刊的《前汉书》、苏轼《东坡先生诗》、《史记集解索隐正义》等。坊刻图书有：福建建安余仁仲“万卷堂”所刻《春秋公羊经传》（1191年）、南宋中期刊的《礼记郑注》，临安府（今杭州）陈宅书铺所刻唐代诗人《王建诗集》、南唐李建勋的《李丞相诗集》、宋《周贺诗集》等，杭州猫儿桥开笺纸马铺钟家所刊的唐人书《文选五臣注》30卷等。寺院本传世者有福州东禅等觉禅院于元祐年间（1086～1094年）所刻的《鼓山大藏》等等。

与北宋对峙的辽朝，自唐末以来深受中原汉文化的影响，在经济、文化和科学技术方面与中原地区密切交流，文化事业也很发达。辽朝的统治者崇尚儒学，早在辽太祖时就于神册三年（918年）在上京修建孔庙。辽太宗时又在上京设立国子监，在南京（今北京市西南郊）设立太学，讲授儒家经典，推行科举制度，刻印儒学经典。辽太宗大同元年（947年）正月灭后晋时，“晋诸司僚吏、嫔御、宦寺、方技、百工、图籍、历象、石经、铜人、明堂刻漏、太常乐谱、诸宫县卤簿、法物及铠仗，悉送上京”[①]。后晋的雕版印刷技术与雕版印刷标准字体《五经文字》及《九经字样》等也可能随之进入辽朝统治的地区，为辽朝雕版印刷技术的进步与完善起到了促进作用。

由于以前辽朝传世的印刷品并不多见，以至人们怀疑辽朝的印刷技术是否真正辉煌过。但是近20多年来，随着考古发掘的进展，一批批重要的辽朝文物先后被发现，尤其是三座古塔中重现的辽朝雕版印刷品，为学术界研究辽朝印刷史提供了珍贵的实物资料。1974年在山西应县佛宫寺释迦塔中发现了一批珍贵文物，其中有《辽藏》12卷，单刻佛经35卷，楷书杂刻8件，版印佛像6幅，共61件。其中12卷官刻《辽藏》，皆刻以楷体大字，字体端正，墨色黑亮，印以黄纸，版式疏朗，四周单栏，入潢防蠹，作卷轴装，卷首有时还雕印佛像。每卷以千字文编号，其中《称赞大乘功德经》卷尾题有“时统和二十一年（1003年）癸卯初岁季春月（三月）”之年款，千字文编号为女字第161号，与《开宝藏》的千字文编号不同[①]。1987

① 《辽史》卷四《太宗纪四》。

年在河北丰润县天宫寺塔发现《辽藏》1帙8册以及其他刻印佛经19卷册。全部是汉文，其中有的卷册明确注有纪年和雕印地点，这为了解辽朝的印刷史提供了另一重要资料。1988～1992年在内蒙古巴林右旗辽代庆州释迦佛舍利塔又发现一批雕版印刷的佛经，共计221件。在上述发现的经卷中，最早雕印的一件是辽统和八年（990年）刻印的《上生经疏科文》，该经刻于燕京仰山寺，最晚的是天庆年间所印的《菩萨戒坛所牒》及牒封。统观三塔面世的300多件辽朝雕版印刷品，全部都是汉文雕印，证明辽朝的汉化程度是非常之高的。另外，在三塔所出雕版印刷品中，不但以当时辽国的印刷中心燕京雕印的最为精美、考究，表现出高超的印刷技术水平，而且一些私刻雕版印刷品中也有质量考究、刻印精美者，可见辽代的印刷业不仅发达，而且相当普及。

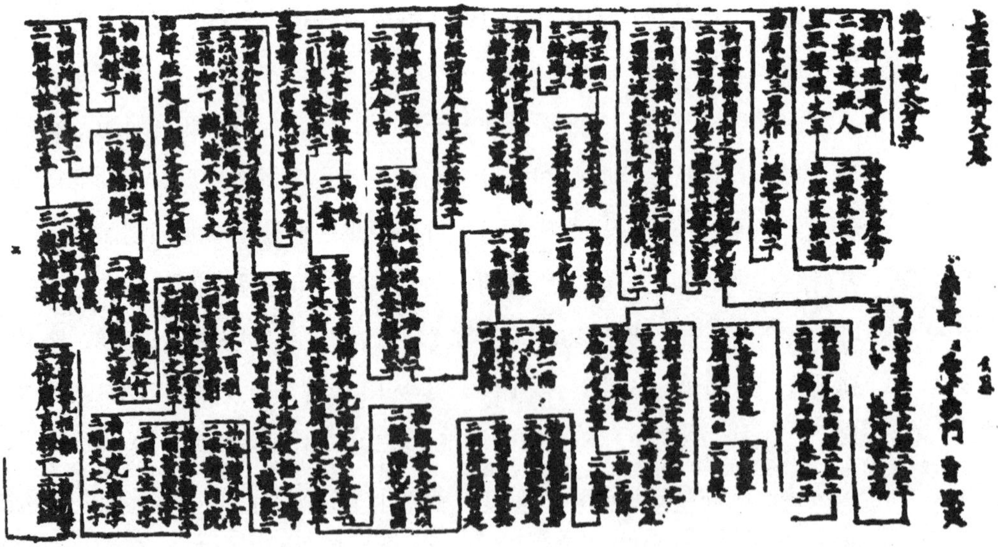

图1-16　燕京首刹悯忠寺刻印的《上生经疏科文》。取自张树栋等《中华印刷通史》

①阎文儒、傅根伦、郑恩淮：《山西应县佛宫寺释迦塔发现的〈契丹藏〉和辽代刻经》，《文物》，1982年第6期，第9～18页。

女真族是我国最古老的民族之一，俗尚弓马、骁勇善战，但对于思想文化建设却也非常重视。早在金太祖天辅三年（1119年）即颁布了女真文字，并注重学习儒家思想。政府机构中设置有弘文院，专门负责翻译、校勘儒家经典。天德三年（1151年）置国子监，所授经史课程，都由国子监印版之后，颁发各学校使用。进士课程兼采唐宋而有所增减。金代的雕版印刷事业也很兴盛，刻书地区比较广泛，印刷场所遍及河北、河南、山西诸地，其中以山西平阳府的平水（今山西临汾）最为著名。据藏书家记载及现存书籍实物，刻印于平阳的书籍主要有以下几种：《新刊补注铜人腧穴针灸图经》五卷，金世宗大定二十六年（1186年）书轩陈氏刻本；《重刊增广分门类林杂说》十五卷，平阳王朋寿撰，金大定二十九年（1189年）平阳李子文刻本；《道德宝章》一卷，金哀宗正大五年（1228年）平水中和轩王氏刻本；《南丰曾子固先生集》，宋曾巩著，金代平水刻本；《壬辰重考证吕太尉经进庄子全集》，宋吕惠卿撰，金世宗大定十二年（1172年）平水翻刻本；被《中国版刻图录》定为金代平水刻本的《新修累章引证群籍玉篇》三十卷、《萧闲老人明秀集注》等等。此外，平阳姬家雕印的《四美人图》以及《义勇武安王关羽像》，图中人物形象生动，线条流畅，也反映出金代平水图绘雕印技术的高超水准。

金代的佛经刻印以山西解州天宁寺开雕的大藏经——《金藏》最为著名。该经据宋《开宝藏》和部分官刻佛经为蓝本，始雕于金皇统八年（1148年），完成于大定十八年（1178年），历时30年雕刻而成。该经以前未著录，直到20世纪30年代才于山西赵城广胜寺发现，故又称《赵城广胜寺藏》，也称《赵城藏》。该经用麻纸印成，扉页绘刻精美。卷首钤有“赵地广胜寺造”，卷尾钤有“赵城县祖代经旨庞待诏自造”印记。据考证《赵城藏》总数应为七千余卷，现存四千余卷，是早期大藏经中唯一保存比较完整者；现已入藏北京图书馆。该经不仅是研究中国佛教的珍贵资料，而且对研究金代雕版印刷的规模、水平也有重要价值。金代的另一部宗教巨著

图 1–17　金刻《赵城藏》扉页画。取自周芜《中国古代版画百图》

是《金道藏》，又称《大金玄都宝藏》，全书共七千余卷。原版为宋徽宗政和年间福州的《万寿道藏》版，北宋期间该版运至都城东京。金人攻陷东京后，将宋人遗留在东京的经版运回，金章宗明昌元年（1190年）命道士孙道明据宋道藏残版进行补刻。《金道藏》刻成后，版片收藏于永乐镇纯阳万寿宫内。《金道藏》虽有印本，但由于元世祖忽必烈曾于至元十八年下令将一切道教经典及版片全部焚毁，以致元代以前所刻道藏几乎绝迹，存世的仅有《太清风露经》及《云笈七签》等几种。

从现存金朝的雕版印刷书籍来看，写绘工整、细腻精致、字画分明、技术精湛，在技术水平与艺术水平上都达到了相当高的境界。如《尚书注疏》“蝇头小楷，镌镂极工”，南宋精椠不能及。《南丰曾子固先生集》，“字画刚劲，世无二帙”，被誉为“平水本之上乘”。又如高二尺一寸、字径一寸五

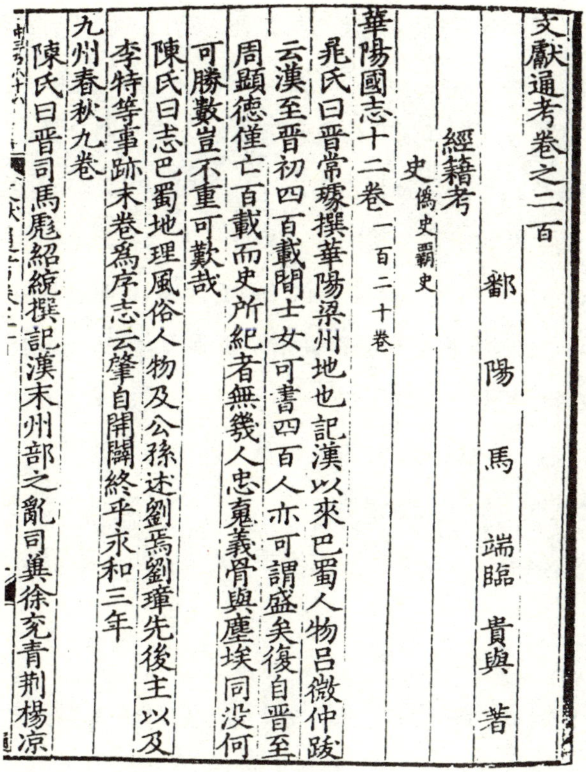
文獻通考卷之二百
鄱陽馬端臨貴與著
經籍考
史 僞史霸史
華陽國志十二卷 一百二十卷
鼂氏曰晉常璩撰華陽梁州地也記漢以來巴蜀人物呂微仲跋
云漢至晉初四百載間士女可書四百人亦可謂盛矣復自晉至
周顯德僅亡百載而史所紀者無幾人忠烈義骨與塵埃同沒何
可勝數豈不重可歎哉
陳氏曰志巴蜀地理風俗人物及公孫述劉焉劉璋先後主以及
李特等事跡末卷爲序志云肇自開闢終乎永和三年
九州春秋九卷
陳氏曰晉司馬彪紹統撰記漢末州部之亂司冀徐兖青荊楊涼

图1–18　元代西湖书院刻马端临《文献通考》

六分的大开本《道德宝章》，“古秀遒劲，镌印极精”①。

蒙元统治者早在入主中原之前，就兴办官方刻书。太宗八年（1236年）成立编修所，在平阳成立经籍所，编辑、印刷经史书籍。元世祖忽必烈时期更加注重书籍的收集与印刷。至元四年（1267年），世祖忽必烈将经籍所由山西平阳迁至京师，改名宏文院，抓紧经、史书籍的纂辑。九年（1272年）设立秘书监。十三年（1276年）元军攻破南宋首都临安，世祖“命焦友直括宋秘书省禁书图籍”。伯颜入临安，遣郎中孟祺籍宋秘书省、国子监、国史院、学士院图书，由海道运至大都，并遣使取杭州官府所藏书版，以及江西诸郡的书版，立兴文署以掌之②。

由于元代对文化教育的重视，讲学刻书之风从中央到地方遍及各地。以福建建阳与山西平水最为繁荣，形成南有麻沙（今福建省建阳市麻沙镇）、北有平阳的两个印刷中心。北京是继麻沙、平水后的另一个印刷中心，

①张树栋等：《中华印刷通史》，财团法人印刷传播兴才文教基金会，1998年，台北，第180～181页。
②《元史·世祖本纪》，中华书局，1974年。

是元世祖将经籍所从平阳移至大都后逐渐形成的。此外，浙江、江西、江南、江东、湖广也是印刷历史较为久远、印刷书籍较多的地区。元代的印刷机构主要分为官刻、私刻与坊刻。官刻有中央政府与地方政府之分，中央政府的官刻机构主要是秘书监的兴文署、艺文监的广成局、太史院的印历局、太医院的广惠局或医学提举司等。其中以兴文署最为著名，现存最早的兴文署刻本为至元二十七（1290年）年刻印的《资治通鉴》。地方政府的刻书机构主要是各路儒学与书院，代表作有西湖书院所刻马端临《文献通考》，字体书写优美，行款疏朗悦目，刻印俱精；东山古迂书院刻《梦溪笔谈》，版心小、开本大、蝴蝶装，风格迥异，别具特色；广信书院刻《稼轩长短句》，行书写刻，字画圆润秀丽，流传最为广泛。元代的私家刻书之风也很兴盛，质量较高的也为数不少，有的甚至超过宋版，颇受后世学者青睐。

（五）明清时期

明代是雕版印刷大发展时期。随着社会经济文化的发展与外来科学技术的传入，加之明朝政府为了鼓励刻印书籍，施行特殊政策，免除书籍税，更是大大刺激了书籍印刷业的发展。儒学、佛教、道家著作，通俗小说、戏曲、音乐、工艺技术、航海、造船以及与西方科学技术有关的书籍大量印刷出版，以满足社会不同阶层人群的需要。明代中央政府官刻机构主要是内府的司礼监，它是明初设置的十二监之一，下设三个经厂，专门从事刻书的工匠有1200人，分别刻印儒、道、释三家的经典。此外，为了统一标准，儒经厂还专门印制了许多作为“标准本”的四书五经。除司礼监外，像礼部、兵部、工部、都察院、钦天监、国子监和太医院等部门也都曾经刻印过书籍。其中以南北国子监刻印的书籍最多，据统计南北两监共刻印了不下300种的经、史、地方志、诏令、法帖、类书及医学、农业、技术等方面的书籍，其中最重要的是“十三经”与“二十一史”。另外，明代的私人刻书也非常普遍且颇具规模。如江苏常熟的毛晋（1599～1659年）在几

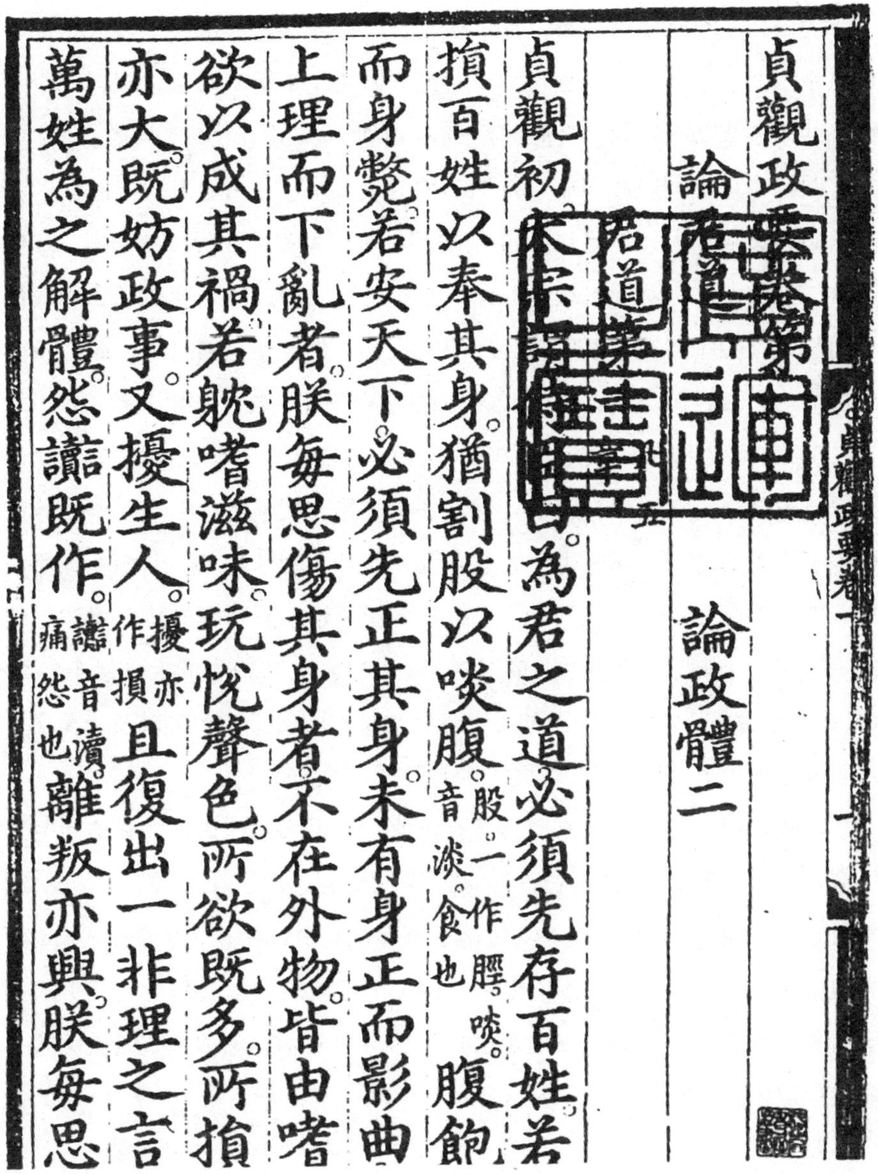
貞觀政要卷第一

論君道第一

論政體二

貞觀初太宗謂侍臣曰為君之道必須先存百姓若損百姓以奉其身猶割股以啖腹腹飽（股一作脛啖音淡食也）而身斃若安天下必須先正其身未有身正而影曲上理而下亂者朕每思傷其身者不在外物皆由嗜欲以成其禍若躭嗜滋味玩悅聲色所欲既多所損亦大既妨政事又擾生人（擾亦作損）且復出一非理之言萬姓為之解體怨讟既作（讟音讀痛怨也）離叛亦興朕每思

图1-19　明刻经厂本《贞观政要》

十年内刻印了600多种书籍，其中很多是卷帙繁多的大部头书籍。据王鸣盛《蛾术编》记载，毛晋刻印“十三经”共用了11846块版，刻印“十七史”共用了22293块版，《津逮秘书》140种，共用了16637块版。

明代也是中国雕版印刷承前启后的时代，尤其在书籍版式上对我国书籍印刷界影响很大。公元1500年前的明刻本，承袭了元代传统形式，字体绵软，书版中心留对折黑线，用包背方式装订成册。1500年以后，一般倡导回复宋代传统形式，字体较为硬瘦挺直，殊少流畅迅活之势，版心也由黑口改为白口，上下端刻上写、刻工姓名及每页字数，一如宋制[①]。

清代，随着政治的安定、经济的发展，特别是在“康乾盛世”，文化事业得以发展，文学创作、经学考据、书籍编纂、文献收集、书籍刻印等都取得了显著的成绩。印刷事业大大普及，各种印刷新技术不断萌生，呈现出一派印刷事业蓬勃发展的局面。如顺治朝开始编纂刊印的清人律法与则例，康熙朝内府武英殿刻印大量书籍，雍正朝雕印7240卷的大藏经《清藏》（又称《龙藏》），乾隆朝校刻的《十三经注疏》、《二十四史》以及《满汉文合璧五经四书》，嘉庆朝刻印数以千卷计的《全唐文》。

清代雕版书籍，以私家刻书最有价值。从康熙到乾嘉，精本佳刻层出不穷。这类书籍多以软体字书写上版，字体秀美，笔力遒劲，镌刻精湛，纸墨版式精雅悦目。但清代后期，文化事业逐渐衰退，印刷事业渐趋式微。西方印刷术传入后，对中国传统印刷术产生了极大的冲击。20世纪，中国传统印刷术在印刷业中的主导地位虽然被西方印刷术逐渐取代，但在民间一些传统印刷术仍在应用。

①钱存训：《纸和印刷》，科学出版社，上海古籍出版社，1990年，第162～163页。

二、雕版印刷的材料与工具

（一）材料

雕版印刷的问世，是中国印刷史上重大事件之一，这种利用雕刻木版通过刷印进行图文复制的方法，不仅开世界凸版印刷之先河，而且为文化的传播开辟了更加广阔的途径。雕版印刷技术的核心，是利用经过雕镌镂刻木质板材作为复制内容的中间载体，用特制的印墨涂刷于雕版，再反转到承印物上。因此，雕版印刷的主要材料应包括板材、纸张和印墨。

1．板材

适宜于雕版印刷的材质首先应满足以下几个条件：a．纹理细密，不戗丝，易于刨平；b．质地细腻，棕眼大小较为均一；c．吸水均匀；d．软硬适中，太硬难以雕刻，太脆易于崩缺，太软不仅难以雕刻精细，印刷字迹模糊不清，而且印版不耐刷印。

（1）选材　一般来说，大多数符合上述要求的树种都可作为镌刻雕版的材料，如质地较为细腻、便于刊刻的苹果木、杏木、黄杨木、银杏木、皂荚木、杉木、榕木等可用作刊刻雕版的材料。但最常用的是材质硬度适中、纹理细滑的梨木（Pyrus sinensis，Ldl.）与材质较为坚硬、质地紧细的枣木（Zizyphus vulgaris，Lam.）。雕版印刷对木材大小也有一定的要求，一般以截割后宽度大于待刻版面的高度为佳。因此像杜梨（Pyrus bdtulaefolia Bge.）虽然木质坚紧细腻，但通常却因树干较细，难以获得宽度符合要求的板材而较少用于雕版印刷。对于文献中常提到的梓（Lindera tus-mu，Hemsl.），我们以为其材质纹理粗细不均，软硬不一，不仅不易雕刻，而且印出的作品墨迹不匀，显然不是雕版首选板材。

松、柏等类树脂含量较多的树木也不适于制作雕版，其原因是我国古代的印刷多使用水性印墨，而松脂等树脂本身固有的拒水作用会使印刷品墨迹不匀。至于铜、牛角等制作的印版，一直不是雕版印刷的主流，这里不作讨论。

（2）锯解　将木料锯解成适宜于制作雕版的方法大致有两种：一种是将木料沿着树干的纵向平等线锯开。在锯解前通常还须将树木的小枝去除，顺树干纵向锯成约3厘米厚的木板。另一种是不顾木材纹理的锯解方法，但此法较少见于制作雕版，因为用这种圆内截矩形方法获得的雕版，不仅木材的浪费量较大，而且这种板材的木纤维呈纵向排列，制成的雕版如果厚度较薄，容易破裂。锯好后的木板务必剥净树皮，否则容易滋生蛀虫。

（3）浸沤　一般的做法是将锯好的木板用绳子捆在一起放入池塘中，上压石块一类的重物使其沉入水底。也可以放在小溪或小河中进行浸沤，但需要用木桩等加固以防漂走遗失。木板的浸沤时间，夏季约1至2个月，冬季约3至4个月。浸沤的目的一方面是脱去胶质与其他水溶性的物质，改善木材的性质使之更易刊刻；另一方面可以杀死原来附着在树体中的蛀虫，防止虫蛀。有些木材也可不必经过浸沤这道工序，可以直接将锯解后的木板进行干燥。

（4）干燥　将经过浸沤或不需要经过浸沤处理的木板平行地码放在无直射光的通风干燥处，每层木板之间用厚度相等的长木条或竹片垫平静置。在木板干燥过程中，为了防止静置干燥过程中木板所在位置的温湿度不同而造成干燥不匀扭曲变形，要每隔一段时间将码放干燥的木板上下左右互调位置。木板自然干燥的时间通常根据木板的厚薄、干燥环境的温湿度、季节等决定，一般需要5至6个月。对于一些需要急用的木料，可以采用蒸煮加工的方法，即将木材锯解成大小合适的木板后放入大锅中，加入水和石灰一同蒸煮后晾干。这种方法较之普通的浸沤可以加快木材干燥速度并减小木板的变形。

（5）平板　用木工刨将准备用来刊刻雕版的木板两面都细细地刨平、刨光，然后根据版面锯解成大小合适的矩形，最后用细砂纸沿木纹方向细细打磨，直至木板表面平滑。暂时不使用的木板不必刨平、刨光，以免放置过程中表面受损或发生变形，到使用时还需重新处理。

2．纸张

造纸术是我国古代的四大发明之一，历史久远，工艺精湛。纸张是雕版印刷的最佳承印物之一，纸的发明是印刷业首先在中国肇始与兴盛的十分重要的原因。用于印刷的纸张从制作原料来分，大致有麻纸、皮纸、藤纸、竹纸。如现存韩国庆州博物馆的唐代印刷品《无垢净光大陀罗尼经》为楮皮纸印刷，山西应县木塔中重现的辽代书籍《蒙求》为白麻纸印刷。但无论哪一种原料制成的纸，若要用于印刷首先必须要求纸面较为光滑平整，对于表面粗糙不平的纸张可以用碾砑的方法碾磨至光滑。其次是纸张的吸水率必须适中，这样既有益于墨色沁入纸内，又不至于浸洇而模糊不清。对现有纸张而言，皮纸中安徽泾县生产的“煮捶”印刷效果较好，竹纸中质地均匀、表面平滑的纸张大多可以用于印刷。

（1）煮捶　皮纸类，安徽泾县宣纸厂生产。煮捶为生宣经过加工的半熟纸，加工方法详见造纸卷的加工纸部分。实验结果证明，煮捶纸质坚韧，表面平滑，吸水率适中，十分适宜于雕版印刷。

（2）竹纸　很多地方都有生产，品种较多，以颜色较浅、质地均匀、手感平滑、吸水率适量为佳。制造竹纸的原料通常为嫩竹，加工方法详见造纸卷的竹纸部分。由于现代生产的竹纸主要是供人们练习书法用，所以若想用于印刷，通常需要用鹅卵石将纸面打磨平滑。由于竹纸的坚韧性较差，尤其是湿水后强度急剧下降，因此通常不用于湿纸印刷。

（3）誊写纸　主要用于誊写待印刷的文字图案，然后反贴上版，再进行刊刻。誊写用纸多为薄且坚韧的皮纸，如雁皮纸。用于雕版印刷的誊写纸通常应事先印上纵或横向的行、列或小方格。另外为了保证誊写在纸上的字迹整齐，通常在每一行、列中再画或印上一条虚线作为中线，这样更能保证书写在行或列内的字整齐美观。眷写纸要求有一定的透明度，同时易于书写，这样方能在抄写中将不同字体的神韵表现出来。

3．颜料

（1）黑色颜料　雕版印刷所用的黑色颜料主要是用烟炱加工制成。中国古代的烟炱大致分为两种：一是松烟，一是油烟。油烟一般不用于制作印刷用墨，在此不作讨论。松烟的制作主要是使松木不完全燃烧后产生烟炱。印刷用墨的制作工艺通常是将松烟放入大缸内，按一定的比例加入动物胶与酒，经调和后形成膏状，然后加盖放置，经过三冬四夏后即可使用。这种印墨的制作方法，工艺简单、价格低廉，虽然制作时间太长，但据称用这种工艺制成的墨不仅适宜于印刷，而且不会洇漶。临用时取出适量，与水混合，用马尾制成的细筛过滤后便可使用。现存的一些手工印刷多使用市售的成品墨汁。

（2）其他颜料　雕版印刷一般使用黑色颜料，但也可根据需要使用其他颜料。如刚刊刻好的雕版在尚未正式印刷之前，一般先用蓝色颜料印刷出校对稿，等校对无误后再用黑色进行大批量的印刷。我国古代蓝色颜料多用靛蓝。靛蓝是一种水溶性植物颜料，其主要制作工艺是将植物蓝的茎、叶经过浸泡后，再加入石灰水搅动，然后静置而成[①]。临用时加入适量的水与胶，便可制成蓝色印墨。

（二）工具

1．书写工具

由于雕版之前必须书写字样，无论是直接在木板上反写，还是先在纸上正写然后再反贴到木板上，都需要用到笔。我国古代的书写工具主要是

①参见宋应星《天工开物》卷上染色第七，蓝淀条。

毛笔，毛笔的历史非常久远，《古今注》虽有“蒙恬始造”之说，但出土文物证明，毛笔的出现与使用远在蒙恬之前。毛笔按其适宜书写的字体大小有大、中、小楷之分，小楷是雕版印刷常用的书写工具，主要用于抄写经文、书稿，描摹图画等。

2．刻版工具

(1) 拳刀　刻版工具根据功用的不同，可以多达二三十种，最常用的是拳刀。拳刀又称剞、曲刀、雀刀、挑刀，是刊刻雕版最重要的工具。拳刀由一根长条形的钢制刀身与木质刀柄组成。“拳刀”一名也许是因其握法而得名；“曲刀”、“雀刀”则可能是因刀刃弯曲很像鸟嘴而得名。拳刀的主要功用是将直接反写在板上的字或反贴上版的字刊刻出来。拳刀不仅可以刊刻雕版，也可用于刊刻木活字，如《钦定武英殿聚珍版程式》刻字图中，工匠们手握的刻刀就是一种拳刀。

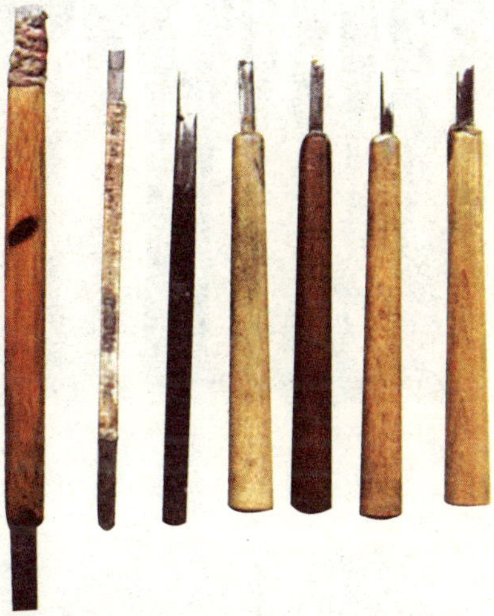

图 1-20　常用刻刀

(2) 斜口刀　斜口刀的刃口有宽有窄，有加装木柄的，也有完全用钢铁制成的。斜口刀一是用来刊刻直线，二是辅助拳刀刊刻一些需要特殊处理的地方。

图 1-21　斜口刀

(3) 曲凿　古时称劂，是一种圆口凿。曲凿外形与木工使用的圆凿十分相似，但刃口差别较大。曲凿可分为加装木柄的直柄曲凿与全部用钢制成的弯柄曲凿。一般直柄曲凿的刃口较宽，弯柄曲凿的刃口较窄，它们的功用都是将雕版上不需保留的部分凿掉。

（4）平口刀　平口刀是一种铲平工具，与斜口刀一样刃口有宽窄之分，大的平口刀装有木柄，使用时可用肩膀抵紧木柄，用肩膀与手臂的合力向前铲动。它们的功用主要是将雕版上不需保留的部分铲掉或凿掉。

图 1–22　常用的打空工具——刃口大小不同的曲凿与平凿

3．**刷印工具**

（1）棕把　棕把是刷色工具，通常用棕榈科植物棕榈（Trachycarpus fortunei）的棕衣捆扎而成。为了便于涂刷不同的颜料，每种颜料固定用一个棕把涂刷。在印刷中通常根据印版的大小使用直径大小不同的棕把，选用何种棕把主要从既能提高涂色效率又能便于操作着眼。另有一类形同毛笔的小棕把，它的作用主要是将印墨从墨盆中移入调墨盘内。

（2）擦子　擦子的作用是在刷有印墨的印版上覆纸后，在纸背上刷印使印版上的印墨能够均匀地转印到纸张上面。由于擦子在纸背上的运动方式很像在纸背上摩擦，因此这种工具被冠名为擦子。擦子的制作大体可分

图 1-23 刷墨工具——棕把

图 1-24 擦印工具——擦子（耙子）

为三类，一类是纯用棕榈树的棕皮捆扎而成，这类擦子制作方便，价格低廉，在民间大量使用。第二类是用一块长方形的木块作为内芯，然后在木块的底部垫上若干层棕皮，再经捆扎而成。这类擦子制作较为精细，通常用于印刷一些高档印刷品，如北京的荣宝斋、上海的朵云轩就使用这种擦子。更为考究的擦子在棕皮外还纵向绷上一层马尾，使擦子在操作时更加灵便，这种擦子在荣宝斋与朵云轩屡见不鲜。第三类擦子主要是用笋衣包裹纸板或其他填料制成，是现代版画作者通常使用的擦印工具。

三、江苏广陵古籍刻印社雕版印刷工艺

江苏广陵古籍刻印社是以保存传统雕版线装书生产工艺而享有盛名的专业古籍出版单位，以年产30万册线装书的规模能力居中国线装书生产之最。其印刷技艺与装帧工艺闻名海内外，被誉为“江苏一宝”，一直备受各界人士的珍视。江苏广陵古籍刻印社始创于20世纪60年代，社内至今仍保存着20多万古籍版片及全套雕版线装工艺流程，已出版《楚辞集注》、《暖

红室汇刻传奇》、《毛泽东评点二十四史》、《毛泽东诗词集》、《中国佛寺志丛刊》、《笔记小说大观》、《通专堂红解》，以及“四大名著”、“中国近现代文学名著”等600多种线装书。在保护、修复古代残版的同时，广陵社还新刻了大量的版片，如完整刊刻了清代学者焦循《里堂道听录》10多万字的手稿，前后共花费20多年。

图1-25　江苏广陵古籍刻印社

江苏广陵古籍刻印社的雕版印刷工艺主要如下：

1．写样

在待印内容决定之后，便可由书写者将待印内容抄写在专用的誊写纸上。为了保证写出的书体与原作相近，不仅要求书写者能熟练掌握宋体、仿宋、楷书等各种字体的书写技法，而且还必须能熟练地模仿待复制原稿的字体。对一些特殊字体，如草书、日文等，也要求笔画准确、字间传神、规范清晰、一丝不苟。为了保证全书字体的一致性，通常一本书只用一名书手写样。

图1-26　写样

2．校对

写样之后，为了减少誊写错误，一般都要对誊写稿进行校对。校对通常由专人负责，如果发现誊写稿有个别谬误，可将誊写稿上有谬误处挖去，补贴上白纸后再正确誊写即可。如果错误很多，则需要重新誊写，直到正确无误为止。

3. 雕刻

(1) 刮板上样　将誊写稿反贴在表面打磨光滑待雕刻的木板上称为刮板上样。具体做法是：将待刻的木板正面朝上放在台子上，用稀糨糊在木板上薄而均匀地刷一遍，然后将校对好的誊写纸写有文字或绘有图案的一面向下平放在刷有糨糊的木板上，然后用棕毛刷在誊写纸背面由中间向四周轻刷，将誊写稿纸粘贴时压在纸下的空气泡全部赶出，使誊写稿纸与木板紧密粘贴，若气泡过大或不易赶出，可用缝衣针在气泡处扎个小孔。上版质量的高低直接影响到刊刻效果，如果誊写稿纸与木板黏合得不牢固，在刊刻时此处纸张可能会浮起脱落，造成下刀不准；如果誊写纸贴偏，则刊印出的字或图案等也必然会偏移。

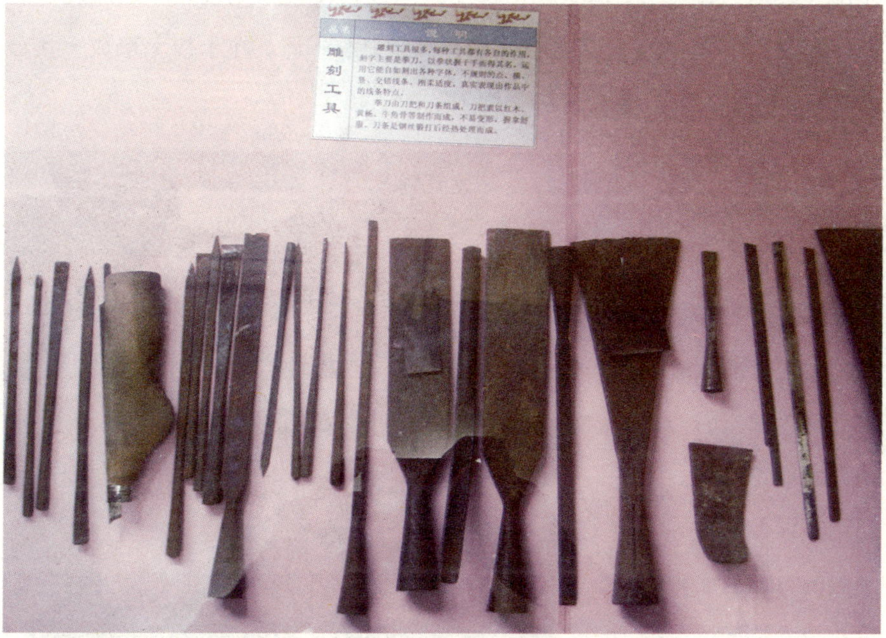

图 1–27　雕刻工具

（2）刻版　等反贴在板上的誊写稿纸干燥之后，便可以准备刊刻。为了使反写的字迹更加清晰，也为了避免刊刻时誊写稿纸与木板分离，在刻版之前，应该先将誊写纸背面的纸纤维一层层地搓去，只留下极薄的一层，使字迹或图案如同直接反写在木板上一样清晰。刻版是用锋利的刻刀把反贴或反写在板上的笔画和线条之外的部分剔除掉。刻版所需的工具是一套形状不同的钢制锋利刀具，其中最重要的工具是拳刀。

用拳刀刻版的基本手法是右手握住拳刀，刀柄向外侧倾斜约45度，令刀锋与木板平面呈45度的倾角，左手用大拇指的第一关节抵住刀头，控制进刀的速度并防止打滑。第一刀称为“发刀”，通常是用刀锋沿誊写在板上的字迹或图案的任一条墨线的外周约2至3毫米处向下并自外向内地在木板上拉出一条深约2至3毫米有一定梯度的刻痕。然后将木板平面转动180度，在发刀刻出的刻痕的另一侧，用拳刀刀刃紧贴着字迹或图案的墨线，再拉出一条深约2至3毫米有一定梯度的刻痕，使两条刻痕在下底相交，在截面上呈“V”字形，用刀剔去“V”字形中的木屑，在木板上形成一条截面呈“V”字形的凹槽，这叫“挑刀”。

图1–28　刻版

以上述的方法，对同一个笔画或线条用发刀与挑刀进行处理，一笔一画地刊刻下去，直到刮板上样的字迹或图案全部以阳刻的形式呈现在版面上为止。为了刊刻方便，刻工握刀与刻版的方法有多种，但总的技术要求是，握刀要稳，下刀要准，走刀

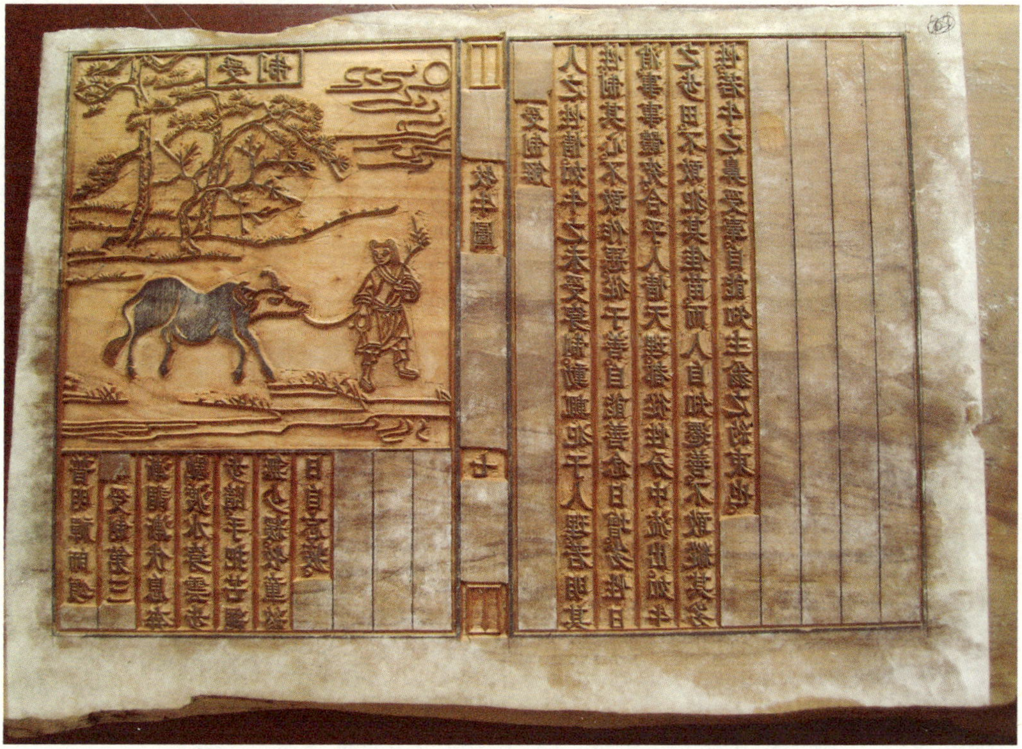

图 1—29　刊刻后尚未敲空的雕版

要流利，切忌凝滞剽轻，务必保持刻出的一笔一画都与刮板上样誊写稿的笔画相一致。对不同字体要采用不同的雕刻手法，如雕刻宋体字就必须将点、撇、横、竖、钩、捺处理得笔画清楚，尤其是对一些宋体字特有的“鹅头钩”、“腰子点”、“兔眼点”、“瓜子点”等要求点画清晰。

(3) 敲空　使用曲凿一类的工具将印版上无需保留的部分剔掉即为敲空。敲空的技术要求是：左手握住曲凿，使凿口对准要剔除的部分，右手用小木锤在曲凿的柄端轻轻敲击，使凿口向前移动，将版上不需保留的部分凿去。在敲空时可根据不需保留部分面积的大小选择大小不同的圆凿进行处理。当印版上无需保留的部分面积较小时，可以直接用刻刀将该部分刻去，而不需使用曲凿。敲空时切忌用力过猛，更不能急于求成，以免将已经雕刻好的字或笔画碰坏或凿掉。

（4）修版　对已经刊刻并经过敲空的版面进行修正校对，如发现误刻，则可用平头凿子将误刻之处向下凿成一个矩形的凹槽，然后选择一块略大于凹槽与原刻版木质相同的木块楔入凹槽，再用笔反写出校正后的字或图案，用刀刊刻好即可。

4．刷印

（1）印刷台　使用由两张台面拼合组成的专门印刷台进行印刷。通常在这种印刷台的左边台面上固定雕版，右边台面固定纸张。纸张的固定位置通常在右边台面的左边缘，固定方法是用木条将待印纸张的一边压住固定。两个台面之间有一个宽约10厘米的间隙，用于放置已经刷印过的纸张。

（2）固版　如果用于印刷的印版较大较重，通常直接放在左边的台面上就可以了。有时为了增加印版与桌面之间的摩擦力防止印版滑动，可以在印版与印刷台面之间垫上一层毛毡或者几层纸，也可用铁钉沿印版四周钉入印刷台或者用胶将印版的四个角粘在印刷台上。但无论怎样固定，印版的位置应以方便印刷者刷墨、覆纸、刷印等操作为宜。

（3）刷色　刷色之前，先用清水将印版刷两遍，待印版吸水湿润后，再正式刷色。雕版印刷的样张一般先印成蓝色，以供校对更改。校对无误后再正式刷墨印刷。因此在刷色时应注意一种颜色一个棕把。刷色的技术要求是：蘸墨要少，刷色要匀。具体操作是：先用形同毛笔的小棕把从贮墨的容器内蘸少许印墨放在刷墨盘中，然后再用刷色的棕把在刷墨盘中打圈将印墨均匀地蘸在棕把上，最后再用蘸过印墨的棕把在印版上用打圈的手法将印墨均匀地转移到印版上。

（4）覆纸　由于广陵古籍刻印社用于雕版印刷的纸张通常固定在印刷台上，因此对于操作人员来说，刷墨之后就是用左手拉住，将待印纸张平放到印版上，然后用右手拿擦子进行刷印。

（5）刷印　纸张放到印版上之后，左手仍然捏住纸边不放松，右手持干净的擦子在纸背上自左向右将纸张平整地刷印到印版上，在刷印时可根据纸背透过墨迹判断转印到纸面的墨迹的均匀程度。必要时可在估计墨色转印较少的区域多擦几下。通常只要刷墨均匀，刷印得法，可保证将雕版上的字迹或图案都能完整而清晰地转印到纸上。

图 1–30　刷印工具——擦子（左）、棕把（右）

图 1–31　刷印

（6）晾干　刷印完成后，用右手将印好的纸张从印版上揭起，放到两个台面之间的空隙处自然下垂晾干。

5. 书籍装订

书籍装订就是把印好的纸张加工成书本。传统的书籍以线装为主要形式，其发展过程大致经历简策装、缣帛装、卷轴装、旋风装、经折装、蝴蝶装、包背装，最后发展至线装（明代）。线装书具有风格古朴、装订结实的优点，但却因工艺复杂而费工费时，如今主要用于仿古书和特种珍本书的装订。

当代的线装书装订方法通常是将书页的版心向外，自中缝对折，再将各书页的书口和下边排列整齐，用纸捻订起，再将书的上下缘及书背切齐，在近书背处打眼实线订成一册。线装书的装订分简装和精装两种形式。简装书直接用纸封面，订法简单，不包角，不勒口，不裱面，不用函套或用简单的函套。精装书采用布面、绫子、绸等织物裱褙在纸上作为封面，订法比较复杂，订口的上下切角要包角即用织物包上，需要勒口与覆口，以增加封面的挺括和牢度。最后再用函套或书夹对书册进行包扎或包装。

江苏广陵古籍刻印社的线装书装订工艺流程主要是：理料—折页—配页—齐栏—打眼穿纸钉—粘封面—切书—包角—覆口—打眼—穿线订书—粘签条—印书根—制书套。

（1）理料　即将印刷后的纸张一页页地揭开，然后分类，再将分类后的书页在案板上反复撞理整齐。

（2）折页　以中缝为标准，将单面印的书页图文朝外、白面向里进行对折。由于一般书页的折缝处印有“鱼尾”，因此可以作为中缝折叠标记。

（3）配页　按页码顺序将同一页码的书页码放叠在一起，然后从头至尾抽出折页后的书帖配成书册。配页的基本要求是无错帖、无卷帖。

（4）齐栏　将理齐后的书页散开成扇形状，并逐张按书页前口折缝上的鱼尾栏对齐。

（5）打眼穿纸钉　齐栏后的书册，经理齐检查无误后，可以打眼穿纸钉。穿纸钉的目的是保证书页不移动，保持栏线整齐。纸钉眼通常打两个，位置在书册长的1/3与2/3处，距书脊6～9毫米。打眼要求垂直，大小以能穿入纸钉为准。纸钉通常用桑皮纸制作，要求挺括、牢固，直径与针眼相符合。

（6）粘封面　通常采用布、绫、绸等织物裱褙在纸上作为封面。

（7）切书　凡已装订成册而纸边未加切裁的书称为“毛装本”。切书是将粘好封面、封底、配好页的整套书册沿口子撞齐，放到切书机上，对准上下规矩线后压紧，然后开动切书机进行剪切。压书的力量大小应适当，既要保证切书时书册不移动，又要避免裁切后书册表面出现压痕。

（8）包角　为了使书角坚固耐用，在穿线前先将书背上下两角用布、绫或绢，用适当黏合剂包住。包角要平整牢固、折角整齐，包角后静置使之自然干燥。

（9）覆口　将封面三边或前口一边的勒口与衬页黏结，将勒口盖住，以增加封面的挺括和牢固性，保持外观的整齐。

（10）打眼　线装书通常只打四个针眼，称为“四眼装”。较大的书，在上下两角各多打一眼，称为“六眼装”。通常边缘两孔距页边较近，中间两孔平分两个边缘孔之间的总长度，针眼距离书脊通常为13～18毫米。

（11）穿线订书　用蜡光白棉线或丝、麻线，依一定的穿线方法，一针针地进行穿订。走线程序要正确，拉线松紧要适当。穿过线的书册要平整牢固，双股线要并列整齐，无交叉、重叠、扭线、分离等毛病。

（12）粘签条　将书名签条粘在封面的右上角，离天头和前口各约8～12毫米。

（13）印书根　为了便于查找，通常还要在线装书地脚的右边印上书名和卷次。

（14）制书套　为了保护、收藏线装书，需将书册放入特制的书套中，书套通常以厚纸为里，外包以布。普通书套包围书册的前后左右四边，露出上下两端，称为一“函”，其一侧用骨制别子固定。考究的书函，也有将

图 1–32 装订使用的切刀与针线等

书的上下端含围，称为“四合套”或“云字套”。

四、南京金陵刻经处雕版印刷工艺

清同治五年（1866年），安徽石埭（今石台县）人杨文会与志同道合者十余人募捐集资创办了金陵经书处（即金陵刻经处前身），经营刻经事业。金陵经书处初设于北极阁，继迁至杨文会位于常府街的家中，后又转迁至花牌楼（今太平路）一带。光绪二十三年（1897年），杨文会又把在延龄巷的住宅60多间并宅基地6亩多无偿捐给刻经处，作为永久刻印经像、收藏经版、流通佛经的庄严场所。

图 1-33 金陵刻经处

金陵刻经处正式成立后，杨文会热心搜求各类佛教典籍，通过日本佛教学者南条文雄，从日本寻回中国自唐末五代以来久已散佚的各宗重要典籍，如《中论疏》、《百论疏》、《成唯识论述记》、《因明入正理论疏》、《华严三昧章》等约300种，加以刻印流通。失传已久的北魏昙鸾著《无量寿经优婆提舍愿生偈注》，也从南条文雄处取得，改名《往生论注》加以刻印，后收入《汇刻古逸净土十书》中。金陵刻经处除佛经刊印精善外，佛像雕版印刷也非常精美。现藏《西方极乐世界依正庄严图》、《慈悲观音像》、《灵山法会》等18种佛像雕版，均是杨文会于同治、光绪年间参照《造像量度经》等资料，延请南京著名刻工潘文法、甘国有、姜文卿精心刻制完成的。尤其是由群像构成的《灵山法会》，人物形象多达97个，画面几无虚隙，但却层次分明、章法严整，人物神情各不相同，艺术价值甚高，堪称我国佛像版之绝品。

日军攻占南京时，金陵刻经处之经版、房舍损毁殊甚。

中华人民共和国成立后，上海佛教界人士圆瑛、应慈、赵朴初等人组成“金陵刻经处护持委员会”，逐步恢复了刻经流通业务。此后，又陆续将原江北刻经处、支那内学院、北京刻经处、天津刻经处、三时学会等单位的经版共5万余片，全部汇集到金陵刻经处。1957年起，金陵刻经处隶属于中国佛教协会，业务有了进一步的发展，收藏的经版最多时达15万余片，并继续刻印佛教典籍，发行国内外。1980年刻经处得到完全恢复。1981年恢复刻印流通业务，1982年被列为江苏省级文物保护单位，2005年入选首批国家级“非物质文化遗产保护项目”。金陵刻经处现位于南京市白下区淮海路35号，是全国唯一的融佛学研究和经书出版、流通于一体的文化机构。

金陵刻经处的雕版印刷工艺如下：

1. **写样**

由书手将待印佛经誊写在专用纸上。为了保证全版书写规范整齐，誊写纸上通常都事先画有直格，并有明确的边框线。

2. **校对**

文稿誊写之后，由专人负责校对，以减少誊写错误。

3. **制版**

(1) 上样　将表面打磨光滑待雕刻的木板正面朝上放在台子上，用稀糨糊在木板上薄而均匀地刷一遍，接着将校对好的誊写纸写有文字或绘有图案的一面向下平放在刷有糨糊的木板上，用棕毛刷在誊写纸背面由中间向四周轻刷，使誊写稿纸紧密地粘贴在木板上。

(2) 刻版　等反贴在板上的誊写稿纸干燥之后，用手指尖蘸水在誊写纸背面上轻搓，将誊写稿纸的纤维一层层地搓去，使字迹或图案如同直接反写在木板上一样清晰后就可以刻版了。刻版所需最重要的工具是拳刀，

图 1–34 刻版

基本手法可参见江苏广陵古籍刻印社雕版印刷工艺。通过“发刀”、“挑刀”，就可以紧贴着字迹或图案的墨线一边拉出一条深约 2 至 3 毫米有一定梯度的凹槽。然后再按上述方法，在同一个笔画或线条的另一侧刻出另一道凹槽。然后一笔一画地刊刻下去，直到反贴或反写在板上的字迹或图案全部以阳刻的形式呈现在版面上。

（3）敲空 选择凿口大小不同的圆凿将印版上无需保留的部分剔掉。

（4）修版 对已经刊刻并经过敲空的版面进行修正校对，如发现谬误，则用平头凿子将误刻部分向下凿成矩形的凹槽，然后楔入一块木质相同的木块，用笔反写出校正后的字或图案，再用刀刊刻。

4．刷印

（1）印刷台 由于金陵刻经处的雕版印刷通常只印一种颜色，因此未采用由两块台面拼合、中间有空隙的专门印刷台。另外，纸张也没有加以固定。

（2）固版 由于佛经印刷多为单色墨版，所以印版通常直接放在桌面上而不作专门的固定，只是在印版与印刷台面之间垫上一层毛毡或者几层旧纸，以保证在刷墨、覆纸、刷印时印版保持相对稳定。

（3）刷色 刷色之前，先用清水将印版刷两遍，待印版吸水湿润后，再正式刷色。刷色的技术要求是：蘸墨要少，刷色要匀。

（4）覆纸 由于佛经通常都是单色印刷，因此纸张通常不需固定在印刷台上，刷墨之后直接用双手将待印纸张端放到印版上即可。

图 1–35　印刷台

图 1–36　刷印

（5）刷印　当纸张放到印版上之后，左手捏住纸边，右手持干净的擦子在纸背上平整地摩擦，将刷在印版上的印墨转印到纸上。刷印者可以根据纸背透过的墨迹来判断转印到纸面的墨迹是否均匀。通常只要刷墨均匀，刷印得法，就可以保证将雕版上的字迹或图案完整而清晰地转印到纸上。

（6）晾干　刷印完成后，双手将印好的纸张从印版上揭起，放到一边晾干。

5．书籍装订

书籍装订就是把印好的纸张加工成书本。金陵刻经处采用的是线装书装订方法。主要装订工艺流程如下：理料—折页—配页—齐栏—打眼穿纸钉—粘封面—切书—包角—覆口—打眼—穿线订书—粘签条—印书根—质检。

（1）理料　将印刷后的佛经进行分页，然后将分页后的书页在案板上反复撞理整齐。

图1-37　理料

图 1–38　装订场面

（2）折页　以印有“鱼尾”的中缝为标准，将单面印的书页图文朝外、白面向里进行对折。

（3）配页　按页码顺序将同一页码的书页码放在一起，然后从头至尾抽出折页后的书帖配成书册。

（4）齐栏　将理齐后的书页散开成扇形状，并逐张按书页前口折缝上的鱼尾栏进行对齐。

（5）打眼穿纸钉　将齐栏后的书册打眼，然后穿上用桑皮纸做的纸钉以保证书页在线装时不发生移动，保持栏线整齐。穿纸钉的针眼通常打两个，位置通常打在书册长的1/3与2/3处，距书脊6～9毫米，大小以能穿入纸钉为准。

（6）粘封面　用布、绫、绸等织物裱褙在纸上作为封面。

图1-39　齐栏

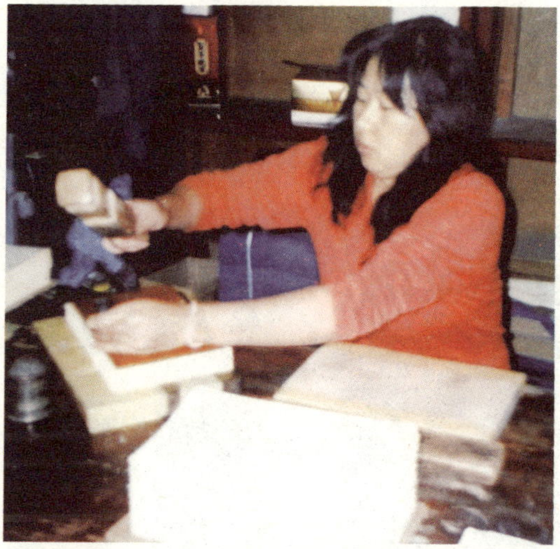

图1-40　打眼

（7）切书　将粘好封面、封底、配好页的整套书册放到切书机上进行裁切。

（8）包角　在穿线前用黏合剂将布、绫或绢裱糊在书背上下两角，使书角牢固耐磨。包角后的书应静置一段时间让其自然干燥。

（9）覆口　将封面三边或前口一边的勒口与衬页黏接，将勒口盖住，以增加封面的挺括和牢固性，保持外观的整齐。

（10）打眼　线装书通常采用“四眼装”，即在书背一面打四个针眼。具体要求可参见江苏广陵古籍刻印社雕版印刷工艺部分。

（11）穿线订书　用蜡光白棉线或丝、麻线，依一定的走线程序进行穿订。具体要求可参见江苏广陵古籍刻印社雕版印刷工艺部分。

（12）粘签条　在封面的右上角离天

图1-41　穿线订书

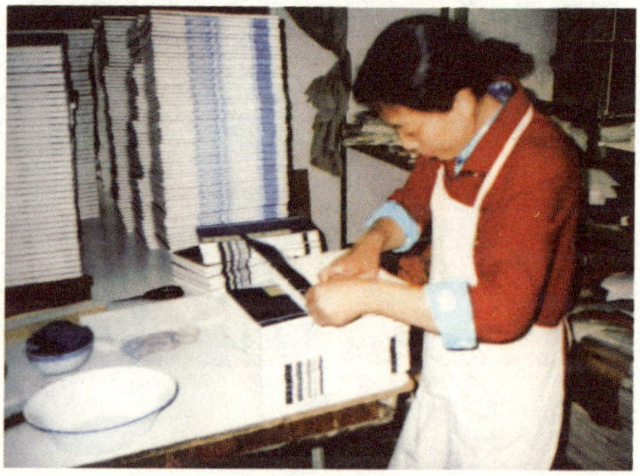

图1-42　质检

头和前口各约8～12毫米处粘贴书名签。

（13）印书根　在线装书地脚的右边印上书名和卷次以方便查找。

（14）质检　对完成印刷与装订的书，由专人进行质量检查。质检的内容包括：书页有无漏缺、残损、上下颠倒，包角、覆口是否坚固，装订是否牢固、美观，书名签条粘贴得是否正确，书根印刷得是否清晰等。

五、德格印经院雕版印刷工艺①

德格印经院全名为“藏文化宝藏德格印经大法库吉祥多门”，又称“德格吉祥聚慧院”，始建于1729年，坐落在德格县城（更庆镇）文化街，占

图1–43　德格印经院印经的场面

①原始资料由樊嘉禄提供。

地面积约5000平方米，总建筑面积9000多平方米，是1996年国务院公布的全国重点文物保护单位。藏区有西藏拉萨、甘肃拉卜楞和四川德格三大印经院，德格印经院以其收藏藏族文化典籍门类最齐全、印刷质量最好以及对建筑壁画、刻版及其他文物的保护最完善被认为位于三大印经院之首。从创建至今270余年中，德格印经院积累了各类典籍830余部，木刻印版290万块。这些遗产对于研究藏族文化具有极高的学术价值。

1．纸的制作

德格印经院所用纸张是藏族手工纸，以草本植物瑞香狼毒（藏语“阿胶如交”）根茎的皮为原料。经过捶破根茎、淘晒、去表皮、梳丝、淘洗、首次蒸煮、舂捣、二次煮料、过滤、打浆、浇造、晒干、揭纸、磨平等工艺制作而成。这种藏族手工纸具有细密光洁、蠹虫不蛀的特点。

图1–44　新挖出的瑞香狼毒的根

2．墨的制作

德格印经院所印经文有红、黑两种色，印红色用的是朱砂，黑色用的是烟墨。现在均从外地购入。早期当地的藏民曾自制烟墨，分书写用墨和印刷用墨两种，工艺略有不同。

制作印刷用墨以大杜鹃树（藏语“招呷”）的树皮为原料。在盛产杜鹃树的地方挖一个地灶，灶上搭一个密封的小型木棚，将采集的杜鹃树皮放入地灶熏烧20天至一个月，待熄火冷却后，打开密闭的木棚，将附着在棚壁上的烟灰刮下，经过精心研磨后即可包装。这种墨细腻、柔和，色泽鲜艳，使用时只需要加适量的水调和，无须加胶。

制作书写用墨用当地的大叶柳作原料，烧制方法与印刷墨相同，研墨时可适当加牛胶，书写时加适量的水调和即可，墨色鲜艳，长久不褪色。

3．雕版印刷技艺

（1）制作坯板　雕版选用德格、白玉、江达等地盛产的红桦木。每年秋收之后，按照德格印经院做的预算砍伐红桦木。要选择挺直无疤节的红桦木，按所需尺寸锯成节，再用锯剖成4～5厘米厚的板材，就地上架用微火熏烤脱水，熏干后驮回家放入畜粪堆中浸沤，待次年3至4月，板材木性退

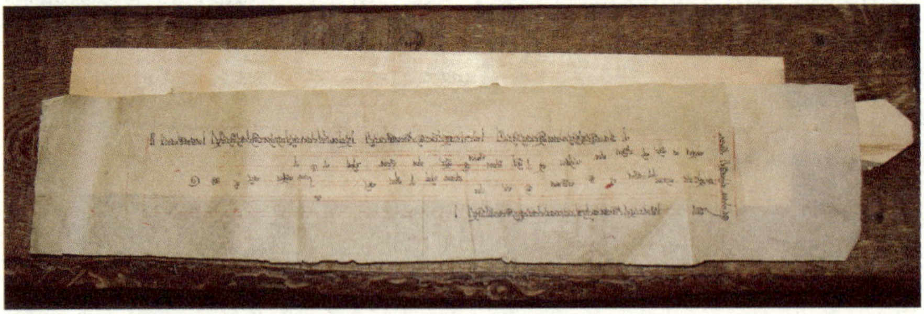

图1–45　坯板和写好还没有贴上板的经文纸

去后，取出再烘干，大致推光刨平后成为坯板，驮至印经院，经验收合格入库。每块坯板厚约2寸，长约1市尺，都有手柄，如图1–45所示。

（2）写版　刻版前，先由藏文书写人员严格按照德格书法家所著的

《藏文书法标准四十条》和印版的尺寸，抄写经文。雕版的书写一般有两种方法：一是将藏文直接反书在坯板上，刻之前严格进行校对；二是写在与雕版尺寸相同的透明的薄纸上，校对后用清糨糊反贴在坯板上，字迹自然渗透在坯板上，足够长时间之后，可以润湿并揭去纸张，字迹仍留在版上。我们在调查中看到的都是用第二种方法，不过没有把反贴的经文纸揭下来这个工序。

图 1–46 德格印经院刻版的藏族少年

图 1–47 向版上刷酥油

(3) 刻版　雕刻工是以师傅带徒弟的方式进行培养的。我们看到年龄不过十四五岁的刻工，而且他们已经有几年的雕版工作经历。据介绍，刚入门的刻工只刻行与行之间的较大块的无字部分。只有经过严格考核筛选出来的刻工才能刻有字的部分。这种分工，既节省了熟练师傅的时间，又能让这些学徒们一边工作，一边学习提高。印经院的印版基本上都是双面雕刻。

(4) 校对　刻好的版要反复进行校对，挖补纠错。自认为绝对无误后，才请专家来验收。

(5) 刷酥油　验收合格的版，要放在沸腾的酥油中煎熬、浸泡，再取出晒干。现在的做法是将雕好、校对好的版放在阳光下，用排刷将熬制好的酥油刷在版面上，反复多次刷遍整个版，使酥油渗透其中。

（6）洗版　用当地的一种名叫“苏巴”的植物根须熬水清洗。这种植物的根须溶液与皂荚液相似，具有去油脂功能，可以除去版上多余的酥油。

（7）上架　晾晒干后就可以上藏版架。图1-48为放在架上的印版。

德格印经院对雕版的质量极为重视，从书写到刻制完毕要经过多道工序，特别是在校对上极下工夫，因而，其印版藏书在全藏书中享有“雪域西藏印书院中最具标准的经典版本”的声誉。

（8）备纸　德格印经院曾经完全用自制的藏纸印经，后来在藏纸生产停止之后，改用四川雅安、夹江等地的手工纸。藏纸恢复生产之后，由于其产量远不能满足需要，因而两种纸并用。由于瑞香狼毒的根须中含有微毒，所以用藏纸印经具有较强的防蛀效果①。将纸张裁成与印版相似（长、宽均略大于印版）的长条，放入水中浸湿后，备用。还有一种方法是：用若干张纸浸水，然后均匀地夹入印经纸中，用厚木板将其两面夹住，印经纸便被逐渐浸潮②。

（9）备颜料　德格印经院只印刷两种颜色的经书。一种是红色，用朱砂；另一种是黑色，用烟墨。一般来说，普通的书籍均用黑墨印刷，只有贵重的经典才会用朱砂印制。

颜料加工由专人负责，主要任务是调兑、研磨烟墨和朱砂，及时供应印刷组的需要。调兑烟墨的方法是：把干燥的墨粉放在平盘中，加入适量的水，缓慢搅拌均匀即可。调朱砂需要把块状的朱砂磨碎，加水调匀。研磨朱砂的方法是将块状的朱砂放在木桶中，用木杵反复舂捣。调好的墨和朱砂要放在平盘上，备用。我们在调查中看到，现在印经用的墨是成品的墨汁。

---

①泽尔多杰：《雪域康巴文化宝库——德格》，中国三峡出版社，2002年，第51页。
②牛治富：《西藏科学技术史》，西藏人民出版社，广东科技出版社，2003年，第282页。

图 1–48　放在架上的印版

（10）印刷　印刷过程中，每三人为一组。一人负责搬运和上下印版，一人刷墨，一人印刷。

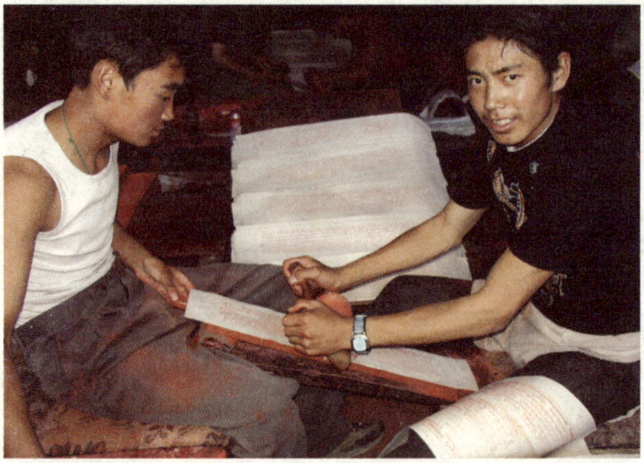

图 1-49　印刷

两个印刷工一高一矮相对而坐，印版斜放在二者之间，如图 1-49。左边的工人左手扶持印版，右手抓握刷子在其右侧的颜料盘上蘸上适量调好的颜料后，快速地往印版上刷一遍，然后接过对方递过来的纸，将它准确地放在印版的上部。右边的工人左手递过纸之后，右手持卷布干滚筒，从上往下滚刷一遍，再取下纸，放在右边，同时扫一眼，检查是否有漏印现象，就完成了一次印刷操作。

搬运印版和还版都要按一套固定的规程去操作，以免造成印版顺序错乱。

（11）晾晒　由于印经用的是半干的纸，同时印上去的墨也需要晾干，所以，印过之后，要挂在架子上晾晒。

（12）洗版　用过的版在归库之前要刷洗一遍，如图 1-50，主要是清洗掉残留在印版上的颜料。

（13）归库　刷洗过的版首先要放在木架上阴干，然后还要重新刷上酥油，晒干后入库放回架。

（14）装订　晾晒过的经书页要进行分页、校对，然后进行装订、打磨、包装、边打红等。

图 1–50　刷洗印版

第二篇

活字印刷

活字印刷是中国对人类文明做出的另一重大贡献。活字印刷发明的时间，学术界曾有不同说法，有人认为后晋天福年间（936～944年）“有《铜版九经》，皆可纸墨模印，无庸笔写”是铜活字印刷；也有人据宋孙奭《圆梦称策》序文中“镌金刷楮，敬公四海”两句，认为是金属活字印刷，但张秀民认为“是刻整版还是活版未说清楚，未便肯定”[①]，王重民更认为孙序为伪托，不足为凭。从现存史料来看，活字印刷术发明于宋仁宗庆历年间（1041～1048年），发明人为毕昇。中国是活字印刷这项发明的故乡，泥活字、木活字、铜活字、锡活字等分别在不同的历史时期为中国文化的继承与发扬做出了不朽的贡献，放射出耀眼的光芒。

一、泥活字印刷

（一）泥活字印刷技艺的发明与发展

从现存史料来看，世界上最早发明并成功用于印刷的是泥活字。关于这项发明，宋代科学家沈括在《梦溪笔谈》卷十八“技艺”里有明确记载：

版印书籍，唐人尚未盛为之，自冯瀛王始印五经，已后典籍皆为版本。庆历中有布衣毕昇又为活版。其法用胶泥刻字，薄如钱唇。每字为一印，火烧令坚。先设一铁版，其上以松脂、腊和纸灰之类冒之。欲印，则以一铁范置铁板上，乃密布字印，满铁范为一板，持就火炀之。药稍镕，则以一平板按其面，则字平如砥。若止印三二本，未为简易，若印数十百千本，则极为神速。常作二铁板。一板印刷，一板已自布字。此印者才毕，则第二板已具。更互用之，瞬息可就。每一字皆有数印，如“之”、“也”等字，每

①张秀民：《中国印刷史》，上海人民出版社，1989年，第663～664页。

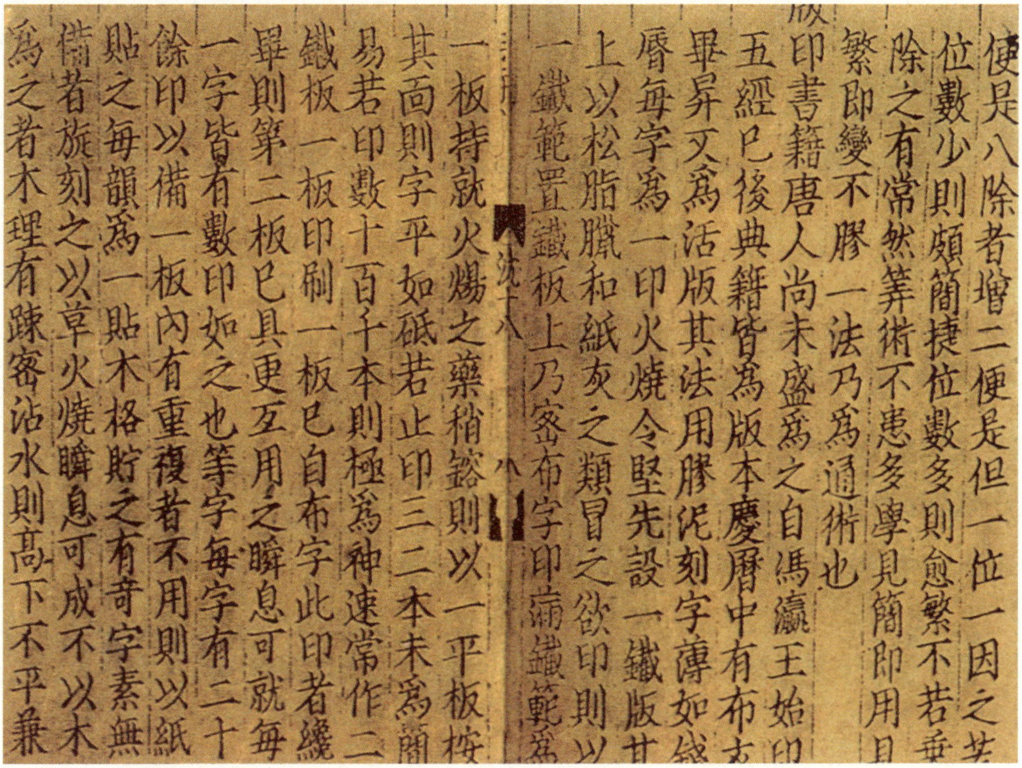
使是八除者增二便是但一位一因之若
位數少則頗簡捷位數多則愈繁不若乘
除之有常然筭術不患多學見簡即用見
繁即變不膠一法乃爲通術也
版印書籍唐人尚未盛爲之自馮瀛王始印
五經已後典籍皆爲版本慶曆中有布衣
畢昇又爲活版其法用膠泥刻字薄如錢
脣每字爲一印火燒令堅先設一鐵版其
上以松脂臘和紙灰之類冒之欲印則以
一鐵範置鐵板上乃密布字印滿鐵範爲
筆談十八　八
一板持就火煬之藥稍鎔則以一平板按
其面則字平如砥若止印三二本未爲簡
易若印數十百千本則極爲神速常作二
鐵板一板印刷一板已自布字此印者纔
畢則第二板已具更互用之瞬息可就每
一字皆有數印如之也等字每字有二十
餘印以備一板內有重複者不用則以紙
貼之每韻爲一貼木格貯之有奇字素無
備者旋刻之以草火燒瞬息可成不以木
爲之者木理有疏密沾水則高下不平兼

图2–1　宋沈括著《梦溪笔谈》。元大德九年（1305年）东山书院刻本，其中有毕昇发明泥活字印刷的记载。取自《中华古文明大图集》

字有二十余印，以备一板内有重复者。不用则以纸贴之。每韵为一贴，木格贮之。有奇字素无备者，旋刻之，以草火烧，瞬息可成。不以木为之者，木理有疏密，沾水则高下不平，兼与药相粘，不可取。不若燔土，用讫再火，令药熔，以手拂之，其印自落，殊不沾污。昇死，其印为余群从所得，至今保藏。

对毕昇所创泥活字印刷这一事实，江少虞在《皇朝事实类苑》（1145年）卷五十二中也有类似记载。毕昇用泥活字印过什么书现已无考，但泥活字的制作与印刷技术却不胫而走，广为流传。如近人黄宽重先生发现[①]，

①黄宽重：《宋代活字印刷的发展》，《国立中央图书馆馆刊》，新20卷，第2期，1987年，第1～10页。

宋光宗绍熙四年（1193年）周必大在与程元诚的信中就讲道："近用沈存中法，以胶泥铜版移换摹印，今日偶成《玉堂杂记》二十八事。"[①] 另外，这种技术还传播到了与北宋对峙的西夏王朝，被成功运用于佛经印刷。

目前公认的现存最早的泥活字印刷实物是西夏文泥活字印本——西夏文佛经《维摩诘所说经》。孙寿岭根据这部《维摩诘所说经》具有"印墨有轻有重，经背透墨深浅有别"，"有的字体歪斜，还有的字，因字模放置不平，印出的字一半轻，一半重"，有的行格歪斜，行距宽窄不一，认为此经是泥活字版印书。有关此经的印刷年代，根据经名后有西夏仁宗"奉天显道、耀武宣文、神谋睿智、制义去邪、惇睦懿恭"尊号题款，以及同时出土的还有乾定申年（1224年）、乾定酉年（1225年）、乾定戌年（1226年）的文书推测，该经是仁宗年间（1140～1193年）的印本[②]。史金波等也根据一部分字的笔画不甚流畅，边缘不齐整，笔端圆钝，缺少尖峰，有断残现象；有些字行列不直，有明显弯曲现象；印刷墨色不匀等特点，确认该经为泥活字印刷品，并根据经书上的题款等内容分析判断，此经书的印刷时间当在公元12世纪中期[③]。

元朝时，忽必烈的谋士姚枢（1201～1278年）曾教其学生杨古（1216～1281年）用"沈氏活版"印刷了朱子的《小学》、《近思录》与吕祖谦的《东莱经史论说》等书散布四方[④]。从杨氏使用的方法为"沈氏活版"来推论，元时的泥活字制作技术和印刷工艺与宋代毕昇所创方法可能没有多少差别。

明代有无泥活字印刷，目前尚未见有相关文献与实物的报道。

清代从事泥活字印刷的有两个代表：一位是苏州人李瑶，另一位是安徽泾县人翟金生，他们的泥活字印本至今仍可见到。

---

①宋·周必大：《文忠集》卷一百九十八，文渊阁《四库全书》本。

②孙寿岭：《西夏泥活字版佛经》，《中国文物报》1994年3月27日。

③史金波：《现存世界上最早的活字印刷品——西夏活字印本考》，《北京图书馆馆刊》，1997年第1期。

④元·姚燧：中书左丞姚文献公神道碑（1278年），《牧庵集》（约1310年）卷十五，第4页（《四部丛刊》本，1929年）。

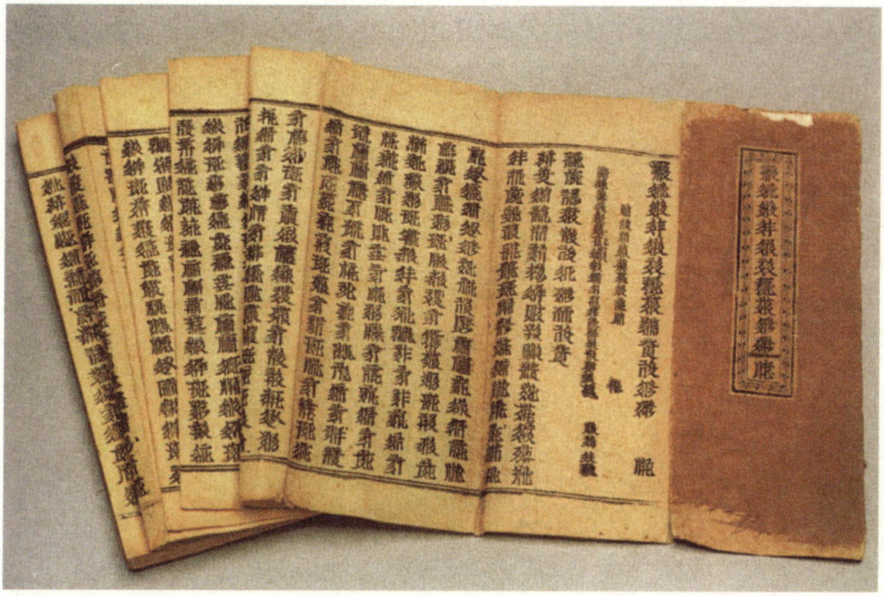

图 2–2　西夏文活字版《大方佛华严经》卷七十六。取自史金波等《中国活字印刷术的发明和早期传播》

李瑶，苏州人，寄居杭州。于道光九年（1829 年）和道光十年（1830 年）两次用泥活字排印了清温睿临的《南疆绎史勘本》。初印本《南疆绎史勘本》（纪略六卷，列传二十四卷，摭遗十卷）封面印有“道光九年秋借吴山庙开局，暨阳程文炳排版”行书双行 18 字，封底有“七宝转轮藏定本，仿宋胶泥版印法”篆文两行。凡例中有“是书从毕昇活字例，排版造成”之语。在引用书目后记中，李瑶对这次泥活字印书所花费用进行了记载：“是书初印凡八十部，已糜用平朱三十万有奇。”可见所需费用不菲。道光十年

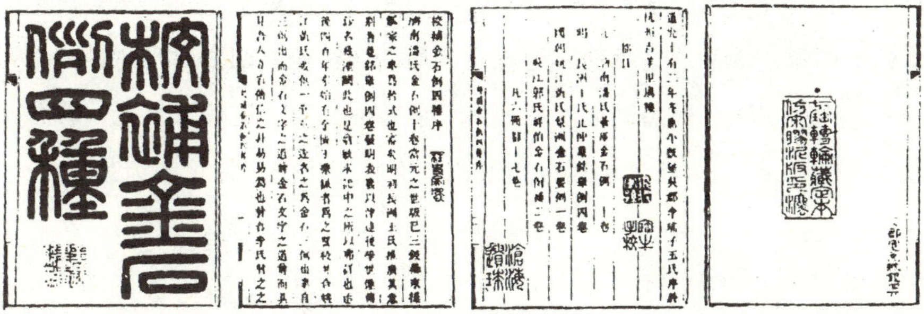

图 2–3　李瑶用泥活字排印的自著《校补金石例四种》

（1830年），李瑶将《南疆绎史勘本》摭遗十八卷重新用泥活字印刷。道光十二年（1832年）又用泥活字排印了自著的《校补金石例四种》。该书正文半页九行，行二十字，左右双边，上下墨口，单鱼尾。该书封面题有篆书“校补金石例四种”作为书名，封面左下方钤有一方朱文方印“金石刻画臣能为”。封底中部印有篆书“七宝转轮藏定本，仿宋胶泥版印法”，右下盖有“本部实兑纹银四两”木戳。在该书的自序中，李瑶将该书的编辑、校补、排印经过作了较为详细的介绍，其中有“以自治胶泥板统作平字捭之”之语，足可证明此书为泥活字所印。

翟金生（1775～?年），字西园，号文虎，安徽泾县人。一生以教书为业，精诗善画，颇有艺术才能。他虽感其先祖“遗编蠹蚀”，殊为可惜，但如果采用雕版印刷，则耗资甚巨，无力刊行[①]。后读沈括《梦溪笔谈》“见泥活板之法而好之”，因而“每于课读之余，不惮烦劳，竭智虑以穷其术”，终以“三十年心力，造泥活字板，数成十万有奇”[②]。从而成功地开展了翟氏的泥活字印刷事业。

道光二十四年（1844年），已经70岁的翟金生在儿孙们的协助下，用白连史纸“试印其生平所著各体诗文及联语两册”[③]，取名《泥版试印初编》即泥斗版，并附五言绝句数首，言其自刊、自检、自著、自编、自印诸事。

道光二十七年（1847年），翟氏又用小字排印了江西宜黄县友人黄爵滋的诗集《仙屏书屋初集》五册十八卷。封面印有“泾翟西园泥字排印”两行小字。这部诗集用字较小，诗集中的小注，字体更小。同年冬天，翟金生的弟弟翟廷珍又用这批活字印刷了其所著《修业堂初集肆雅诗钞》四卷三册，内有《题兄西园泥活版》长诗一首，称“朝思检校罗生徒，著有成篇不模糊”，说明泥活字不仅排印很快，而且印出的字体也很清楚。

①翟金生:《泥版试印初编》，自序。

②翟金生:《泥版试印初编》，包世臣序。

③翟金生:《泥版试印初编》，翟一杰自识。

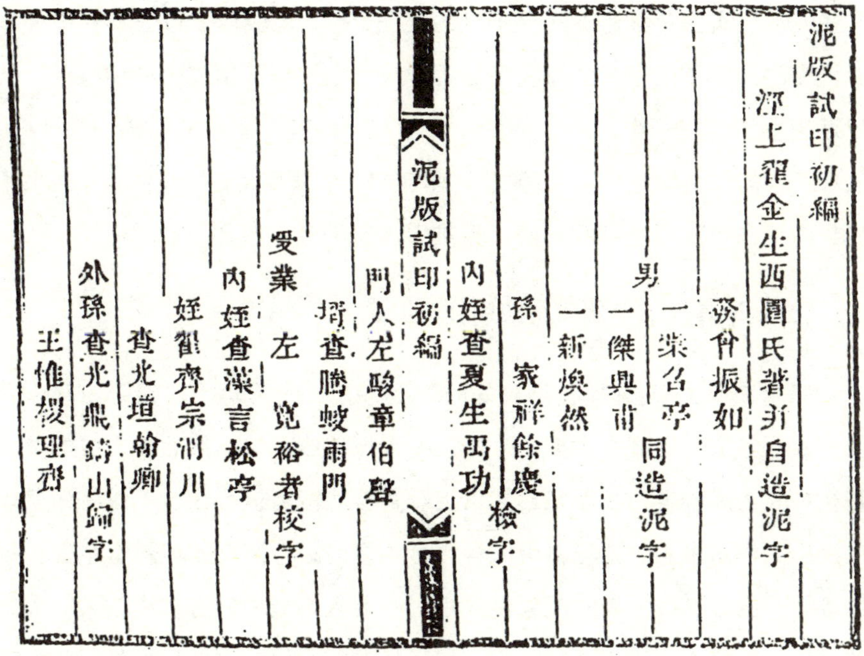
泥版試印初編
涇上翟金生西園氏著并自造泥字
發什振如
男 一棠名亭 同造泥字
一傑輿甫
一新煥然
孫 家祥餘慶 檢字
內姪查夏生禹功
泥版試印初編
門人左駿章伯超
壻查騰蛟雨門
受業 左 寬裕者校字
內姪查藻言松亭
姪翟齊宗渭川
查光道翰卿
外孫查光鼎鑄山歸字
王惟櫻理齋

图 2–4 道光二十四年（1844 年）翟金生印《泥版试印初编》

咸丰七年（1857年），已经82岁的翟金生又命其孙翟家祥利用翟氏泥活字排印了明嘉靖年间（1522～1566年）翟震川修辑的翟氏老家谱，名为《泾川水东翟氏宗谱》。在封面的上方印有“泾川桃花溪”，右方印有“前明嘉靖中先驾震川公修辑”，左方印有“大清咸丰年仲冬月泥聚珍版重印”。

翟金生泥活字版《泥版试印初编》和《泾川水东翟氏宗谱》在北京图书馆、安徽图书馆、安徽省博物馆和泾县文化局等单位仍有珍藏，《修业堂初集肆雅诗钞》由吉林师范大学收藏，北京图书馆还收藏有翟金生的《泥版试印续编》十二卷和《仙屏书屋初集》五册十八卷[①]。此外，翟氏泥活字实物还有数千枚分别被中国历史博物馆、中国科学院自然科学史研究所、中国科学技术大学科技史与科技考古系、安徽省博物馆等单位或个人收藏。

①据翟廷珍《修业堂初集肆雅诗钞》自序称“又续印其所著《通俗诗钞》”，但迄今未见实物。

这些泥活字实物及其印本并存于世的实证，有力地驳斥了过去某些中外学者认为泥活字不能印书、泥活字是石膏或“六一泥”制成的种种臆说。从现存泥活字实物来看，个个“坚贞如骨角”，不像有人想象的那样一触即破。从现存本的印刷质量来看，《泥版试印初编》纸墨精良，笔画清晰。如果不是封面上注明是泥活字版印刷，很难看出是泥活字版印刷物。

（二）毕昇泥活字制作与印刷技艺

（1）制胶泥　选择质量较好的黏土，在日光下晒干、碾碎，筛去草皮、砂石等杂物，放入大缸中，加入清水搅拌成泥浆。然后将上层的草皮等杂物撇去后静置，令泥浆自然沉淀。在自然沉淀过程中，不时将泥浆表层澄出的清水撇出，至泥料中所含水分不多时，将沉淀的泥料上半部分捞出备用。也可以将干燥的泥料碾碎后过筛装入布袋中，将布袋放入一大缸清水中，用手不断挤压布袋，令细泥料经过布袋滤出。然后再经沉淀，就可得到质地细腻的胶泥。泥料干燥的方法有两种，一种是利用日光，即在阳光下曝晒；另一种是把泥料放在布袋内，然后将布袋悬挂起来，让水分从布袋中渗出，或者将布袋放在干燥的草木灰中，让草木灰吸收布袋中泥料的水分。泥料一般不必过于干燥，其水分含量以适合制字坯刻字为佳。

（2）制活字　先用木棒或木槌将泥料反复捶打，将泥料捶熟。然后制成一个个大小相同的泥坯，放在阴凉处静置。待泥坯干燥到软硬程度适宜刻字时，先用毛笔蘸墨在泥坯上写出反体字，然后用刀刻成反体阳文，刻字时下刀深度以薄如钱唇（约2毫米）为佳。常用字要多刻，尤其是“之”、“乎”、“者”、“也”等字通常要刻20多个，以备在排版时重复使用。刻好的泥活字先放在阴凉通风处阴干，然后用火烧制成陶。

（3）排版　先准备一块铁板，在铁板上加一个与印刷版面相同大小的铁范。铁范内放入松脂、蜡与纸灰的混合物，作为固定泥活字用的黏结材料。排字时按文稿顺序挑选泥活字，在铁范内从左到右、自上而下地排字，如遇到未曾备用的字，随即取泥制坯刻字，干燥后入火烧制成陶，置入版中。当一块铁范排满后，就将铁范放在文火上烘烤，当铁范内的黏结材料遇热变软后，将铁范从火上取下放在台子上，用一块平板放在排好版的泥活字面上加压，这样就可以使排入的活字印刷面平整。压完之后，令铁板温度自然下降，排在铁板上的上百枚泥活字即黏结成一块表面平整的活字印版。为了提高效率，通常准备两块铁板与铁范，当一块印刷时，另一块进行排版。两块印版轮换交替，活字反复使用，甚为方便。

（4）刷印　当活字印版制好后，即可施墨、上纸、刷印（与雕版刷印相同）。印完所需页（张）数后，则将铁板再放到文火上烘烤，待黏结材料遇热变软、黏结力下降时就可将活字取出，以备再用。

（5）存储　刻好的泥活字和从印版上拆下的泥活字，都要按韵归类放在标有音韵的木格内，以便再排版时能快速拣字。木格可用一块大板钉上小木条制成，每个小木格可容若干个泥活字。用纸写上音韵制成标签，贴在每格的小木条上，每格一韵。

（6）装订　将印好的纸张字面朝外从中缝处对折，按书页顺序收集叠好，加上封皮，压紧，用针线等装订成册，用切刀修切整齐后即为成品（参见雕版印刷技艺中的江苏广陵古籍刻印社与南京金陵刻经处的装订工艺）。

（三）清代翟金生泥活字制作与印刷技艺

研究发现，翟金生的泥活字是用阴文正体泥字模压制而成，而阴文正体泥字模又用阳文反体木字模压制而成。也就是说，翟金生在制作泥活字时比毕昇增加了两道工序：一是制阳文反体木字模，二是制阴文正体泥字模。

（1）制胶泥　根据对翟金生泥活字现存实物的理化分析得知，这批泥活字是用普通黏土制成的。其制泥方法可参见上述“毕昇泥活字制作与印刷技艺”中的制胶泥部分。

（2）制阳文反体木字模　取枣木、梨木或黄杨木等质地细腻的木材锯

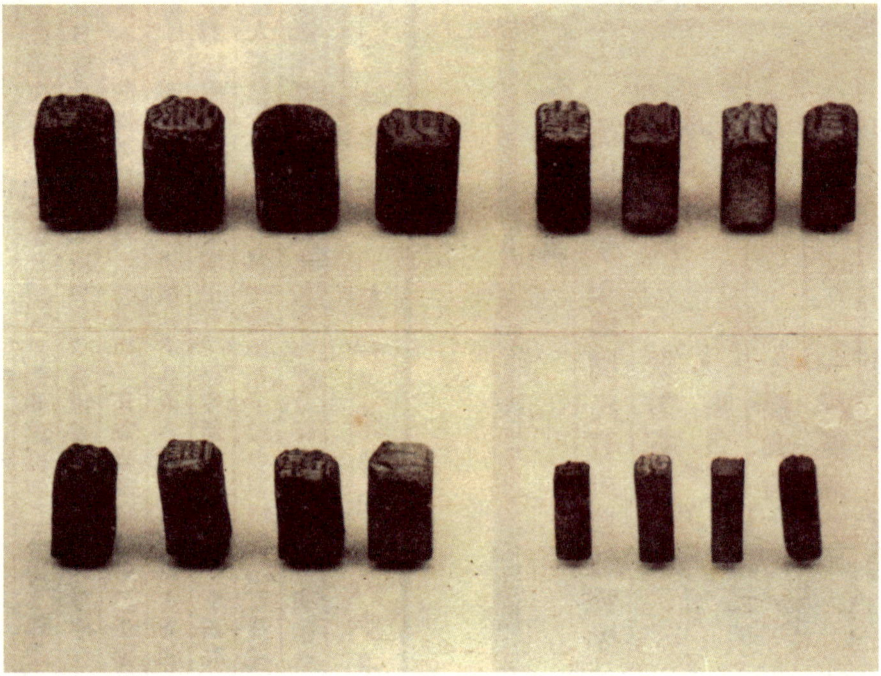

图 2–5　翟金生所制四种型号泥活字

成木板，阴干，刨平，打磨光滑。取薄纸画好方格，方格的大小可按活字大小分为五种，分别对应于特号、一号、二号、三号、四号泥活字。用毛笔根据字书或韵书将待刻的字分别写在特号、一号、二号、三号、四号方格内，每格一字。写好后将薄纸反贴在木板上，用拳刀刻出阳文反体的木字，然后将木字一一镂开，用小刀修理平整，按音韵或按其他方式排列在字架或字柜中。

(3) 制阴文正体泥字模　先用铜或其他金属材料制成数个方形管，管的内孔分别与特号、一号、二号、三号、四号木字模大小相对应。取湿度合适的泥料，切成比相应铜管内孔稍小一点的小泥块。先将小泥块从上向下放入铜管中，再用木字模从上向下压，使字模与泥块的表面相互挤压，制作阴文正体泥字模。每个阴文正体泥字模只需压一个。为了使木字模与泥字模易于分开，在每次压制前可将木字模在干燥的黏土粉中蘸一下。

（4）烧制阴文正体泥字模　将压好的阴文正体泥字模晾干后放入小土窑内加热烧制成陶，然后将烧好的泥字模按音韵或部首分类保存。

（5）制阳文反体泥活字　用铜或其他金属制成方形管，其内孔分别与特号、一号、二号、三号、四号泥字模相对应。取湿度合适的泥料，切成比相应铜管内孔稍小一点的小泥块。用与制泥字模相同的方法在泥料上压制出阳文反体的泥活字坯。压制泥活字时，常用字多制一些，非常用字少制作一些。压好的泥活字经检查符合要求后，可放于阴凉干燥处让其自然晾干。

（6）烧制阳文反体泥活字　将晾干后的泥活字放入窑内进行烧制，开始时升温要慢，以防开裂，待窑内温度达到烧结温度时，保温一段时间后就可熄火让窑温自然下降，待降至一定温度时，就可以打开窑门将一个个“坚贞同骨角”的泥活字取出来分类收藏在字架中。

（7）排版　选一块厚约2毫米的铁板，其上先用木条制成一个木框，木框内围有用铁片制作成的铁框，铁框的大小与书页版面大小相同。铁框内置蜂蜡、松脂等物作为黏结材料。选择好排印内容后，依次从字架上选出泥活字从左向右、由上而下摆在铁框（范）内，每排好一行，则用一铁片隔起来，作为行线，接着再排第二行，直至整页排完，再排第二页，遇到空白处，填以“白丁”；两页之间排以鱼尾和“××卷”字样。经校对无误，将铁板放在文火上加热令松脂、蜂蜡等物熔化，迅速以平板在字面上加压，使“字平如砥”，冷却后即可印刷。

（8）刷印　由于泥活字的吸水率与释墨性与木版不同，因此在正式印刷前应进行试印，以找出泥活字印刷的特点。正式印刷前，一般先在泥版上用较稀的墨刷几遍，让泥版先吸入一些墨汁。稍待片刻后，用棕把蘸印墨在泥活字版上刷墨，务求刷得均匀，且不留余墨。然后用双手将纸端起放在泥版上，用擦子进行刷印，印好后立即将纸揭起放到一旁晾干。接着再印第二张、第三张……直到一版全部印完。

图 2-6　用自制泥活字排成的印版

图 2-7　泥活字制作者张秉伦（左）、刘云（右）在校对初印稿

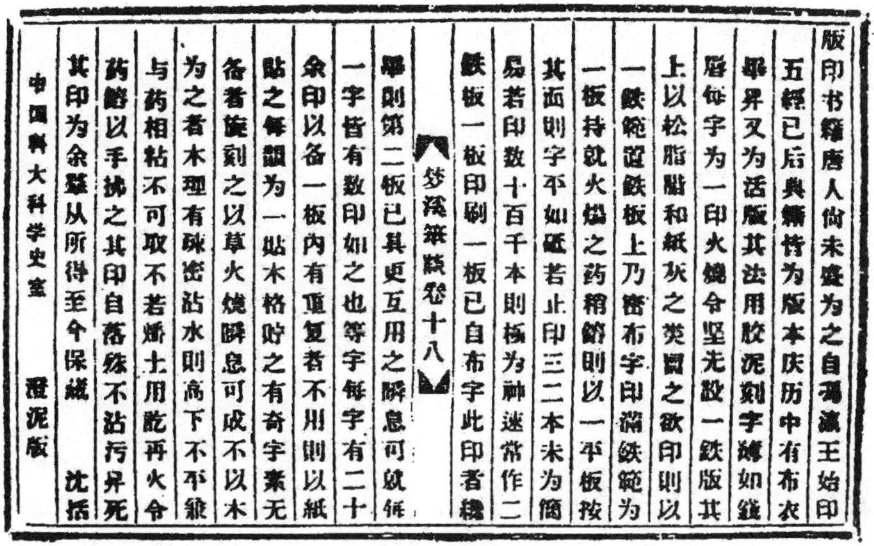
版印书籍唐人尚未盛为之自冯瀛王始印
五经已后典籍皆为版本庆历中有布衣
毕昇又为活版其法用胶泥刻字薄如钱
唇每字为一印火烧令坚先设一铁版其
上以松脂腊和纸灰之类冒之欲印则以
一铁范置铁板上乃密布字印满铁范为
一板持就火炀之药稍镕则以一平板按
其面则字平如砥若止印三二本未为简
易若印数十百千本则极为神速常作二
铁板一板印刷一板已自布字此印者才
梦溪笔谈卷十八
毕则第二板已具更互用之瞬息可就每
一字皆有数印如之也等字每字有二十
余印以备一板内有重复者不用则以纸
贴之每韵为一贴木格贮之有奇字素无
备者旋刻之以草火烧瞬息可成不以木
为之者木理有疏密沾水则高下不平兼
与药相粘不可取不若燔土用讫再火令
药镕以手拂之其印自落殊不沾污昇死
其印为余群从所得至今保藏　沈括
中国科大科学史室　澄泥版

图 2–8　用自制泥活字排印的《梦溪笔谈》中有关毕昇发明活字印刷的文字

(9) 装订　其方法是将印好的纸张对折后，按页序摆放整齐，加装书皮，用线装订成册，最后用切刀修切整齐，装函便可（参见雕版印刷技艺中的江苏广陵古籍刻印社与南京金陵刻经处的装订工艺）。

二、木活字印刷

（一）木活字印刷技艺的发明与发展

在我国古代的各种活字印刷中，以木活字印刷最为广泛。木活字印刷术何人何时发明，现虽不可考，但从沈括记载毕昇创制泥活字文献中“不以木为之者，木理有疏密，沾水则高下不平，兼与药相粘，不可取”①来看，

①宋·沈括：《梦溪笔谈》卷十八。

北宋毕昇在发明泥活字印刷术前肯定用木活字进行过印刷。

两宋应该是木活字印刷术发明、应用与传播的时期，但由于木活字印刷在版材、纸张、印墨三者的选择与操作技术上与雕版印刷非常相似，从外观上很难将两者加以区别，因此两宋木活字印本鉴定长期存有异议。如清代藏书家和著名目录学家缪荃孙（1844～1919年）在《艺风堂藏书续记》卷二著录中所记南宋嘉定十四年辛巳（1221年）所刻北宋范祖禹（1041～1098年）的《帝学》是木活字本。赞同者有毛春翔[①]、Arthur[②]等人，但张秀民却认为是固定版[③]。如牛达生认为《吉祥遍至口和本续》是我国最早的木活字印刷品[④]，而张秀民则认为"推定本经为活字印本""似难令人信服"[⑤]。近年来，随着西夏文献研究的深入，人们发现了典型的活字印刷证据：其一是俄藏黑水城出土的西夏文《三代相照言文集》在"发愿文"末尾有三行题款，其中一行译成汉文是："字活新印者陈集金"。史金波等研究认为"字活"二字应译为"活字"，证明此经为活字本，并且推测"此书似为木活字印刷本"[⑥]。其二是北京图书馆所藏《大方广佛华严经》卷第四十也有西夏文题记两行，其中一行译成汉文是："实勾管作选字出力者，盛律美能慧"。研究者认为，"选字出力者"应是拣排活字的工匠[⑦]。其三是俄藏黑水城文献西夏文写本《胜慧到彼岸要语学禁现前解庄严论显颂》末题记中一行，译成汉文是："司检校王义持前面疏衣字活印都案头"，表明它是依活字本抄写出来的，而且有准确的成书时间，即

①毛春翔：《古书版本常谈》，中华书局，1962年，第68页。

②Arthur W. Hummel, Movable type printing in China. The Library of Congress Quarterly Journal of Current Acguisition, 1944, vol.1, no.2, p.13.

③张秀民：《中国印刷史》，上海人民出版社，1989年，第669～670页。

④牛达生：《我国最早的木活字印刷品——西夏文佛经〈吉祥遍至口和本续〉》，《中国印刷》，第44期，1994年4月，第38～46页。

⑤张秀民、韩琦：《中国活字印刷史》，中国书籍出版社，1998年，第22～23页。

⑥史金波、雅森·吾守尔：《中国印刷的发明和早期传播——西夏和回鹘活字印刷术研究》，社会科学文献出版社，2000年。

⑦史金波、雅森·吾守尔：《中国印刷的发明和早期传播——西夏和回鹘活字印刷术研究》，社会科学文献出版社，2000年，第53页。

西夏光定丙子六年（1216年）[①]。

元代是木活字应用较为广泛的时期，元贞元年（1295年），王祯在任宣州旌德县尹时，请工匠按自己的设计刻制了大量的木活字，并于大德二年（1298年）用木活字试印成《旌德县志》。继王祯之后，延祐六年（1319年）十月，广平人马称德（字致远），在任奉化知州期间，"活书版镂至十万字"。至治二年（1322年）又用活字书版印成《大学衍义》等书。但遗憾的是，上述这些木活字与木活字印本都没有传世。另外，"北京图书馆藏有元《御试策》，四周缺口很大，横行参差不齐，墨色浓淡不均，确系活字……今作为元代木活字，是国内现存最早的活字本之一"[②]。

另外，回鹘文木活字实物也时有发现。1908年法国人伯希和在敦煌发现了一批回鹘文木活字，但当时误以为是蒙古文活字。2005年，雅森·吾守尔在法国巴黎吉美博物馆文物仓库找到了流失海外的回鹘文木活字960枚。敦煌研究院彭金章研究员主持的课题组也在敦煌石窟北区洞窑发现了48枚回鹘文木活字，加上敦煌研究院保存的6枚，共54枚，这样存世的回鹘文木活字已发现1014枚[③]。已发现的回鹘文木活字，有的以词为单位，有的以音节（包括单音节、双音节或三音节）为单位，有的以单字母（语音）为单位，与中原汉字活字和西夏文活字明显不同，"它是一种以音节为主并兼有单词和音素的活字。可以说，回鹘人在中国印刷术西传的过程中起到了非常重要的作用"[④]。

明代的木活字印刷虽然在技术上没有大的进步，但应用与普及程度却胜过前代，流行甚广，大行于世。明人胡应麟（1551～1602年）说："今世欲急于印行者有活字，然自宋已兆端，今无以药泥为之者，唯用木，称

①张秀民、韩琦：《中国活字印刷史》，中国书籍出版社，1998年，第54～56页。

②张秀民、韩琦：《中国活字印刷史》，中国书籍出版社，1998年，第20页。

③史金波、雅森·吾守尔：《中国印刷的发明和早期传播——西夏和回鹘活字印刷术研究》，社会科学文献出版社，2000年，第90～91页。

④牛汝报：《法国所藏维吾尔学文献文物及其研究》，《西域研究》，1994年第2期。

图 2–9　敦煌研究院藏莫高窟北区出土的回鹘文木活字。取自史金波等《中国印刷的发明和早期传播》

活字云。”清人魏崧说：“活版始于宋，明则用木刻。”另一位清代学者龚显曾也说：“明人用木活字版刷书，风乃大盛。”据张秀民先生统计：“明朝木活字本有书名可考者约一百余种，多为万历印本，弘治以前的极少见。其有地名可考者，除上述成都、建阳、南京等处外，又有江苏、浙江、福建、江西、云南等地。”[①]数量之大，恕不一一列出。

明代除用木活字排印书籍之外，还用于排印家谱，进一步促进了木活字印刷的发展与普及。

木活字印刷在清代的普及与发展是前代不可比拟的，采用木活字印刷的地区遍及河北、山东、河南、江苏、浙江、安徽、江西、湖北、湖南、四川、福建、广东、陕西、甘肃等地。出现了如“活字印书局”或“聚珍堂”等专门采用活字印刷的店铺，其印刷内容也是经、史、子、集四部皆备；产生了以排印家谱为专业的 “谱匠”、“谱师”，将明末已经兴起的印刷家谱之风加以推广流行。

① 张秀民、韩琦：《中国活字印刷史》，中国书籍出版社，1998 年，第 28 页。

乾隆年间武英殿木活字制作与印刷是规模最大的。共刻制二十五万个大大小小的木活字，连同应用的附带工具，如摆字木槽、字盘、格子、版箱、大柜、木凳等，总共用银两千三百三十九两七钱五分。共排印《武英殿聚珍版丛书》一百三十四种[①]。事后，主办人金简对这次木活字制作与印刷工艺进行了全面而系统的整理，著成《钦定武英殿聚珍版程式》，流芳后世。嘉庆年间，又用这套木活字排印了若干种书籍，如宋吕祖谦《大事记》十二卷、《通释》三卷、《解题》十二卷，清鄂辉等奉敕编撰《钦定平苗纪略》五十二卷，清王履泰《畿辅安澜志》五十六卷，清齐鲍、费锡章辑《续琉球国志略》五卷，清阿桂等奉敕编《乾隆八旬万寿圣典》一百二十卷，清董诰等奉敕编《西巡圣典》二十四卷，乾隆敕编《钦定重举千叟宴诗》三十四卷，清人续纂《吏部则例》五十九卷。以上十种木活字印本，版心下没有校勘人姓名，世称为聚珍版单行本[②]。

其后的嘉庆、道光、光绪、宣统时期，民间私、坊活字印本流传较多。影响最大的是徽州程伟元主持排印的清曹雪撰、高鹗续《红楼梦》一百二十回，一改过去的传抄流传为木活字印本，促进了《红楼梦》这部文学名著的流布。

尤其值得一提的是清中期木活字印刷中还出现彩色套印本。邵懿辰《四库简明名录标注》“唐宋文醇”条称：“又今年江西谢兰墀摆板，亦用五色套印。”现山东大学古籍所杜泽逊教授收藏有《御选唐宋诗醇》五色木活字套印本（残二册），黄色在书前，余为朱、墨、兰、绿四色，实属罕见，是清中期五色木活字套色印刷最有力的证据。

清代中后期，随着西方石印、铅印等技术在中国的推广，木活字印刷

① 《武英殿聚珍版丛书》足本为138种，但其中《易律八种》十二卷，《汉官旧仪》二卷、补遗一卷，《魏郑公谏续录》二卷，《帝苑》四卷，系在聚珍版之前用雕版印成，故活字印本为134种。张秀民先生曾见到两本《武英殿聚珍版书目》，一为126种，一为129种。

②张树栋、庞多益、郑如斯等：《中华印刷通史》（简体本），印刷工业出版社，1999年，第341页。

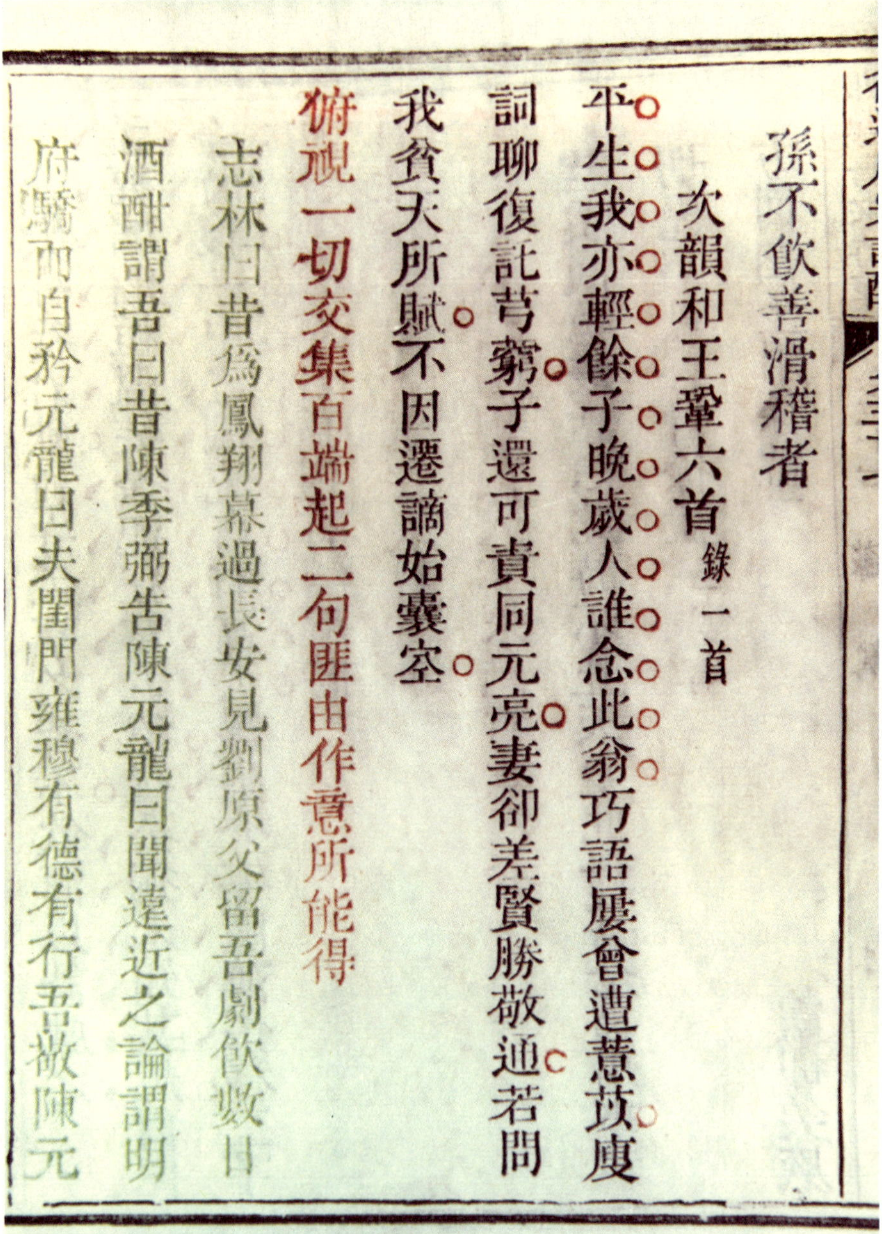
孫不飲善滑稽者
次韻和王鞏六首 錄一首
平生我亦輕餘子晚歲人誰念此翁巧語屢曾遭薏苡廋
詞聊復託芎藭子還可責同元亮妻卻差賢勝敬通若問
我貧天所賦不因遷謫始囊空
俯視一切交集百端起二句匪由作意所能得
志林曰昔爲鳳翔幕過長安見劉原父留吾劇飲數日
酒酣謂吾曰昔陳季弼告陳元龍曰聞遠近之論謂明
府驕而自矜元龍曰夫閨門雍穆有德有行吾敬陳元

图 2–10　《御选唐宋诗醇》五色木活字套印本。杜泽逊先生珍藏，李亚田先生摄

市场逐渐转向农村，主要用于印制家谱。从现存的浙江省瑞安市东源村与义乌市佛堂镇光明村的木活字宗谱印刷技艺来看，主要工具有雕刀、字盘、棕刷，承印材料为宣纸，用麻皮纸搓成的线进行装订……基本上保留了中国古代木活字印刷的传统工艺，具有较高的历史人文价值，其中浙江省瑞安市东源村木活字印刷2007年列入了文化部公示的我国第二批国家级非物质文化遗产名录推荐项目名单。

（二）元代王祯木活字制作与印刷技艺

虽然北宋年间毕昇就曾试用过木活字印刷，但直到元代王祯将木活字的制作与印刷工艺详细地加以整理，写成《造活字印书法》，附在《农书》之后，才为后人保存了这份历史上最早，也是最系统最详细地介绍木活字印刷工艺技术的文献。根据王祯的《造活字印书法》可知，木活字制造与印刷技艺大致为：写韵刻字、镘字修字、造转轮、拣字、排版、刷印、拆版归类。

（1）写韵刻字　先根据监韵内可用字数，分为上平、下平、上、去、入五声，校勘字样后并抄写下来，然后挑选书法较好的人将字样誊写在事先画有大小不同方格的薄纸上。写好之后，将薄纸平整地反贴在已经刨平的梨木或枣木板上，待干燥后即可请刻工进行刊刻。在写刻时，像“之”、“乎”、“者”、“也”等语助词、及数目字等常用字，各分别作为一个门类，要多写并多刻一些备用，总共需要写刻三万多字。最后将这些刊刻好的活字抄写成一本与监韵相对应的活字表，在活字表上注明所在行、列的数码，这样以备在拣字时进行查找。刻制木活字所用的木料与雕版材质相同，多用梨木、枣木或其他木质软硬适中、纹理较为细腻、易于刻制的木材。具体制作方法是将上述木料锯成厚薄均匀的木板，阴干后刨平，要求每块板的厚薄尽量一致，保证制成后的木子高度基本相同，以便于将来排版后，版面平整，易于印刷。

(2) 锼字修字　待反贴在一块木板上的字全部刻好之后，用细齿小锯沿着预先留出的锯缝将每个字截成一个个的木活字，盛放在筐子等器物内，再用小裁刀将活字的每个面修理平整。然后将修理好的木活字一一通过检测活字的标准物——“准则”，凡符合标准的收入字盘或字柜内存贮。

(3) 造转轮　拣字用的轮盘一般选用杉、桐或柳木等材质较轻且不易变形的木料，轮轴与底座可用硬杂木制造。轮盘的直径约七尺，轮轴高约三尺。底座直接在大木砧上开凿出圆形的轮臼，上面安装支架。用硬木制成轮轴，轮轴的下端安放在支架与大木砧的轮臼中，轮轴与轮臼匹配，能平稳灵活地转动。转轮的上面铺一层竹笆，装木活字的木盘放在竹笆上，按照板面上标记出的号码依次摆好活字。转轮一般制成两个，一个转轮上的木活字按监韵的五声排列，一个转轮放置语助词“之”、“乎”、“者”、“也”及数目字等常用的字。拣字人坐在两个转轮之间，根据要求推转左右两个转轮，便可以很方便地找到所需的活字。活字版印刷完毕后，要将版中的

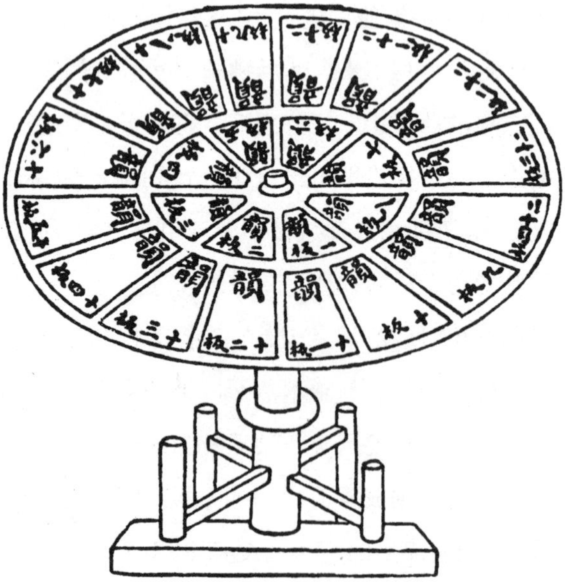

图 2–11　王祯发明的拣字转轮。取自王祯《农书》

图 2–12　王祯转轮复原图。取自《中华古文明大图集》

活字重新归类到原来的声韵内，这样可保证无论是取字还是归字都很方便。这种利用简单的机械装置，“以人就字”的拣字方法，不仅减少了拣字者的工作量，而且提高了拣字的速度，是一项难能可贵的发明。

（4）拣字　把原来从监韵上抄写下来的字再另外写成一册，在另册中将每个字按照一定的标准编成字号，每一页上的各行各字都标有号数，号数与转轮上的门类相同。拣字时，“一人执韵依号数喝字，一人于轮上元布字板内取摘字只，嵌于所印书版盔内”[①]。如遇到原字韵内没有的字，则可让刻工临时刊刻后补上。王祯首创的这种拣字方法实开数码拣字之滥觞，有效地避开按声韵拣字时出现多个同音字难以分辨的弊病，大大提高了拣字的速度与准确率。

（5）排版　取一块干燥平整的木板，四周用木片制成边框，使之成为一个矩形的木盘即“盔”，木板的尺寸略大于待印书籍的版面。排字时从盔的左边开始，自上而下排满一行后，就用竹片制成的界行隔开作为行线，整块版排满后，在盔的右边再安置界栏。然后用木楔将整块活字版固定。为了适于印刷，事先要将版内每个活字修理平整，另外还须用刀削出许多厚

①元 · 王祯：《农书》卷二十二《造活字印书法》。

薄不等的小竹片，盛放在其他容器内，遇到倾斜低矮的活字，则用小竹片衬垫在该字的下面，使整个版面平整。

(6) 刷印　整个版面排好后，便可以刷印。刷印时用棕刷蘸墨后沿着界行竖直在版上刷墨，不可横向刷墨，刷好墨后，将纸平铺在版面上，用棕刷顺着界行刷印即可。刷印好之后可以放置于一边任其自然干燥。

(7) 拆版归类　每当一版印够一定数量后，就可将这块版及时拆成一个个的活字。将拆下的木活字按原来的归类方法重新放回转轮中，以供再次拣字和排版印刷之用。

（三）清武英殿木活字制作与印刷技艺

木活字印刷术在清代应用甚广，尤以武英殿聚珍版最为辉煌。前后共刻制25.35万个大小枣木活字，印刷《武英殿聚珍版丛书》134种，2300多卷，谱写出历史上制造木活字数量最多、印书最丰的不朽篇章。在金简《钦定武英殿聚珍版程式》中记载的木活字制作及印刷技术，比王祯的《造活字印书法》更为详尽、严密、科学，在工艺规范、技术路线、生产调度中显现出前所未有的严谨、科学与规范，这是活字印刷术接近顶峰的表现。这篇杰出的木活字印刷文献不但为研究中国的活字印刷技术史提供了最为详尽的材料，而且体现了18世纪中国印刷工场的标准化生产与质量控制等方面的整体管理水平，是清代则例的典型代表之一，也是世界印刷标准化发展史上闪光的一章，后世的木活字制作与印刷工艺无出其右者。

武英殿聚珍版木活字制作与印刷工艺如下：

1．成造木子

(1) 制木条　取枣木截割成约四分厚的木板，再将木板竖向裁成宽一寸的长方形木条，叠放晾干。

(2) 平准木子厚度　将晾干后的木条两面用木刨刨平，以净厚二分八厘为准，然后将木条横截成宽四分的木子。

（3）平准大木子宽度　先取长一尺四寸、宽一寸八分的硬木，在硬木中间开出一条内宽一寸、深三分、槽底平直的凹槽，槽面用铁片镶口，在靠近凹槽的任一端，从侧面开出一个高三分、宽一寸的活闩门，再制两个楔形的活闩。然后将数十个木子侧排在凹槽内，用活闩挤紧，用木刨将木子刨至与镶有铁片的槽口平齐为准。

（4）平准大木子高度　先取长一尺四寸、宽一寸八分的硬木，在硬木中间开出一条宽三分、深七分、槽底平直的凹槽，槽面用铁片镶口，活闩与楔形活闩的制法与平准大木子宽度的木槽相同。将经过平准宽度的十多个木子排放在凹槽内，用活闩挤紧，用木刨将木子刨至与镶有铁片的槽口平齐为准。

图 2–13　成造木子。清・金简《钦定武英殿聚珍版程式》，约 1773 年

（5）平准小木子宽度　小木子的厚度和高度与大木子相同，但宽度仅有二分。平准小木子宽度的木槽是在长一尺四寸、宽一寸八分的硬木中间，开出一条宽一寸、深二分、槽底平直的凹槽，槽面用铁片镶口，在靠近凹槽的一端，开出活闩门，再制两个楔形的活闩。然后，将十多个木子侧排在凹槽内，用活闩挤紧，用木刨将木子刨至与镶有铁片的槽口平

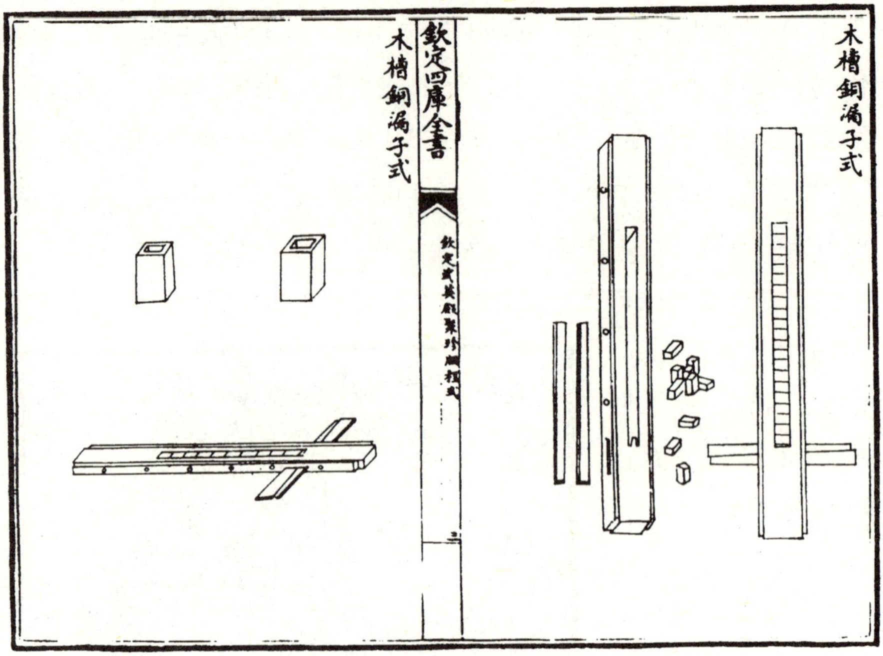

图 2–14　木槽铜漏子。清・金简《钦定武英殿聚珍版程式》，约 1773 年

齐为准。

(6) 木子检验　用铜制成大小两种方漏子，内空的大小分别与大小号木子的尺寸相符，将平准后的木子分别用大小铜漏子逐个检验，以保证木子的大小符合预定标准。

2．刻字

将需要刊刻的字由书手写在事先画有格子的薄纸上，写好后逐字裁开，反贴在木子的上面。然后将木子放在专用于刻字的木床上，用活闩闩紧，就可由刻工进行镌刻了。刻字木床的制法是，用一块高一寸、长五寸、宽四寸的硬木，中间挖出五条宽三分、深六分的凹槽，每槽可容木子十个，另外在木板上开出两道活门槽并制两根楔形的活闩，木子放入槽内，用活闩从两端塞入，便可将木子挤紧，然后就可以像镌刻雕版一样进行刻字了。

3．字柜及其他用具的制作

图2–15　刻字。清·金简《钦定武英殿聚珍版程式》，约1773年

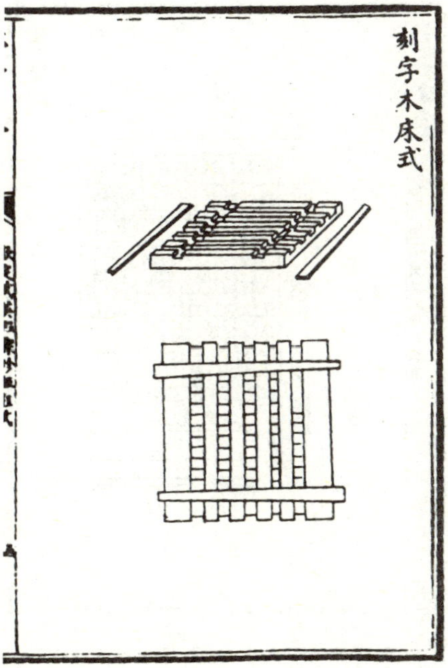

图2–16　刻字木床。清·金简《钦定武英殿聚珍版程式》，约1773年

（1）制字柜　按照《康熙字典》的十二地支分类法，将活字分别排列在十二个木柜中。每个木柜高五尺七寸、宽五尺一寸、进深为二尺二寸，木柜腿高一尺五寸，每个木柜配备一条木凳，木凳的高度与柜腿的高度相等，以便站在凳子上取字。每个柜子做二百个抽屉，每个抽屉分为大小八个格子，每个格子中放入大小活字各四种，在各个抽屉的面板上写上这四种活字各属于某部某字及笔画数。取字时先按照偏旁知道该字属于哪部放在哪个柜子中，再查笔画数，便知该字放在哪个抽屉内。熟练之后，需要的字伸手便可取到。生僻的字平常使用不多，可以少刻，另外造一个小木柜收藏。将小木柜放在大木柜的上面，可以一目了然，拣字也十分方便。

（2）造槽版　用干燥的楠木做成外口宽九寸五分、长七寸七分、高一寸六分，里口宽七寸六分、长五寸八分八厘、深五分的长方形槽版。在槽版的四角包上铜角，使其更加坚固耐用。

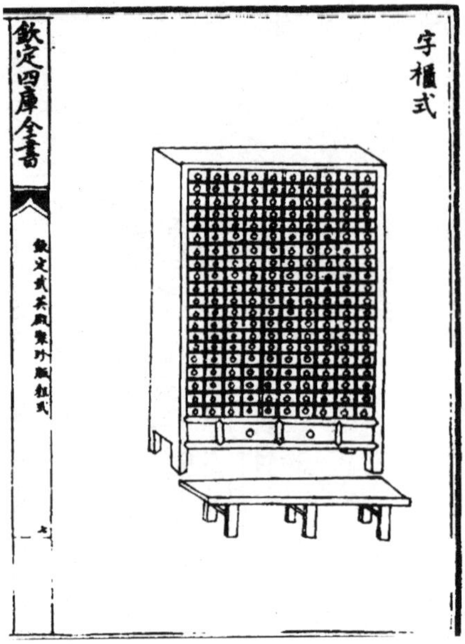

图2–17　字柜。清·金简《钦定武英殿聚珍版程式》，约1773年

(3) 制一分通长夹条　用楠木或松木制作成宽五分、长五寸八分八厘、厚一分的通长木条若干根，用作书内整行大字与整行大字间的夹条。

(4) 制半分通长夹条　用楠木或松木制成宽五分、长五寸八分八厘、厚半分的通长木条若干根。当书内整行小字靠整行大字时夹入其间使用。

(5) 制一分长短夹条　用楠木或松木制成宽五分、厚一分、长度从一个字起到二十个字止的长短木条若干根。用于双行小字的下面接排大字而旁边一行也是大字时使用，根据字数多少夹入长短不同的木条。

(6) 制半分长短夹条　用楠木或松木制成宽五分、厚五厘、长度从一个字起到二十个字止的长短木条若干根。遇到双行小字的旁边一行是大字时使用，夹入木条的长短根据字数多少来定。如果旁边都是小字则不用夹入木条。

(7) 制顶木　用松木制成高五分、宽三分或二分、长度从一个字起到二十个字止的长短方木条若干根。排版时遇到版面中无字的空行，则根据空行的长短嵌入不同长度的顶木，使该行的活字被固定在相应的位置而不发生移动。

(8) 制中心木　用松木制成高五分、长五寸八分八厘、宽四分的木条若干根，凡摆格至第九行时，就放入中心木一条，对应于套格的版心。由于武英殿聚珍版木活字印刷采用套格与活字版分开套印的工艺，在活字版

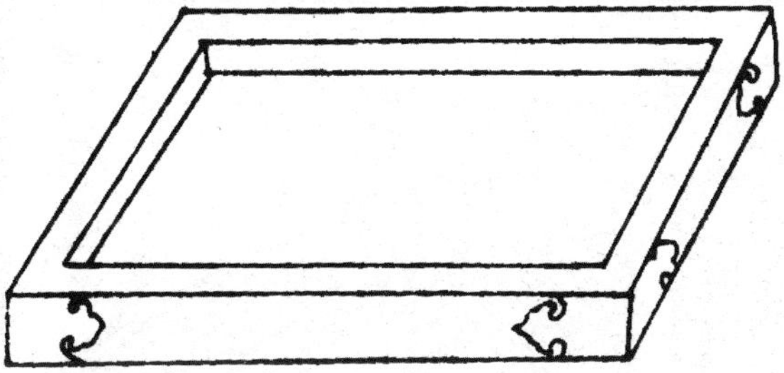
图 2–18　槽版。清·金简《钦定武英殿聚珍版程式》，约 1773 年

的原版心处放上一根高五分的中心木，可以使全版木子相互挤紧成为一个完整的版面。

(9) 制类盘（托盘）　用松木做成的宽一尺四寸、长八寸、深五分的托盘（类盘），盘内嵌入数十根木挡板，形成数十个宽四分的空槽，取字或归字时，随手将木活字放到木挡板之间，木子就不易向左右两边倾倒了。

类盘的制作与使用，是武英殿聚珍版木活字印刷工艺中一个独特的做法。利用类盘拣字，一版所用的同一个字，只需打开一次抽屉从木格中一次取出，另外取出的木子放在有木档的类盘中将不会因左右倾倒而增加混乱，所以使用类盘可同时加快拣字与排字的速度，提高工作效率。

(10) 制套格　用梨木制成宽七寸七分、长五寸九分八厘的木板，在板内刻上比槽版里口每边大半分的边线，版心按现行书籍的式样每幅刻出十八行格线。每行宽四分，版心也宽四分。书名、卷数、页数与校对者姓名事先另处刊刻好，在印刷套格时把它们嵌入版心一同刷印。

4．摆书

对待印文稿内的字数进行统计，确定每个字需用多少个，分类统计后另抄在一张纸上，按抄件从字柜中将需要的字取出放在类盘中，然后按照文稿的顺序及其文意，将类盘中的木活字摆放在槽版内，每排满一行放入一根夹木条，在大小字混排及有空当时，放入不同宽度的夹条及顶木等。一块槽版摆满后，随手在一张小方纸上写下某书某卷某页粘贴在槽版上，以便查找核对。一般的大字书，一人一天可摆两版，小字书每人一天只能排一版。当文稿中的字与字柜中字写法不同时，要仔细加以辨认。对于有一些不能归于偏旁部首、又不易查找的字，可使用字典中的补遗检字法，熟

图 2–19 摆书。清 · 金简《钦定武英殿聚珍版程式》，约 1773 年

悉之后，自然也就易于掌握。

5．垫版

木活字虽经多次平准，但吸湿后难免伸缩不一，以致排好的版面高低不平。对低陷于版面的木子，可先将该字取出，其下垫上相应厚度的纸，自然就能平整。这种垫版方法非常简便，高低控制也最为灵活，与近代凸版印刷中的“下垫法”几乎完全相同。

6．校对

每块活字版垫平之后，立即印刷一张草样进行校对，如发现错字或需要调整位置的部分，立即进行抽换，然后再刷一张清样进行校对，如清晰而无谬误，就可以正式印刷。因错排而剔出的活字应及时放入字柜中贮藏。

7．刷印

武英殿书籍的刷印是由两次套印完成的。先印红色的套格，然后将格纸上套印的卷、页数与贴在待印槽版上的标签核对，如无谬误，便可以将套印过套格的纸张与待印槽版固定在印刷台上刷墨印刷。在印刷过程中，如果遇到湿热的天气，木子吸墨后不易干燥且会发生膨胀，会使版面高低不平，此时可以暂停印刷，把槽版放在通风处将墨水稍加晾干再继续印刷。

8．归类

每块印版印完之后，应立即将印版内的木子取出按木子的分部、偏旁、笔画等放回类盘，再从类盘放回字柜的抽屉中。无论取字还是归字都必须按照分类分别排放，这样即使木活字数量很多，也不会觉得浩繁复杂，但如果稍有混淆，则茫然无处寻觅，取字也就不能得心应手。此外，每年的年末对存放木活字的木柜进行逐柜检查，一方面检查有无短缺，另一方面也为了纠正错放的混乱现象。

9．逐日轮转办法

由于刊印的书籍种类不一，所用的字也各有所重。虽然虚词及常用字刻了不少，但如果安排不当，即使备有百万计的活字，也仍然无法满足排版之需。为此金简将摆书、归类、垫版、校对、刷印有计划地进行了安排，推行了“十日轮转法”。这样不仅提高了活字利用率，而且提高了工作效率。“十日轮转法”具体安排如下：

第一日 摆书二十四版

第二日 垫平十二版

第三日 校对十二版，垫平十二版，摆书二十四版

第四日 校完发刷十二版，校对十二版，垫平十二版

第五日 校完发刷十二版，校对十二版，垫平十二版，摆书二十四版

第六日 归类二十四版，校完发刷十二版，校对十二版，垫平十二版

第七日 校完发刷十二版，校对十二版，垫平十二版，摆书二十四版

第八日 归类二十四版，校完发刷十二版，校对十二版，垫平十二版

第九日 校完发刷十二版，校对十二版，垫平十二版，摆书二十四版

第十日 归类二十四版，校完发刷十二版，校对十二版，垫平十二版

三、铜活字印刷

（一）铜活字印刷技艺的发明与发展

铜活字印刷起源于何时，学术界存在不同的看法。元黄溍《文华黄先生文集》里有一篇智延和尚作的《北溪延公塔铭》，其中有“三岁将镂铜为版以传”[①]之语。《梦林玄解》转引宋人孙奭的文章中也有“镌金刷楮，敬公四海”之言。但仅据这些词义不明的片言只语，还很难断定宋、元时期已有铜活字印刷。目前大多数学者认为，我国的铜活字印刷起始于15世纪之

①张秀民：《铜活字的发明与发展》，中国印刷史料选辑《活字印刷源流》，印刷工业出版社，1990年。

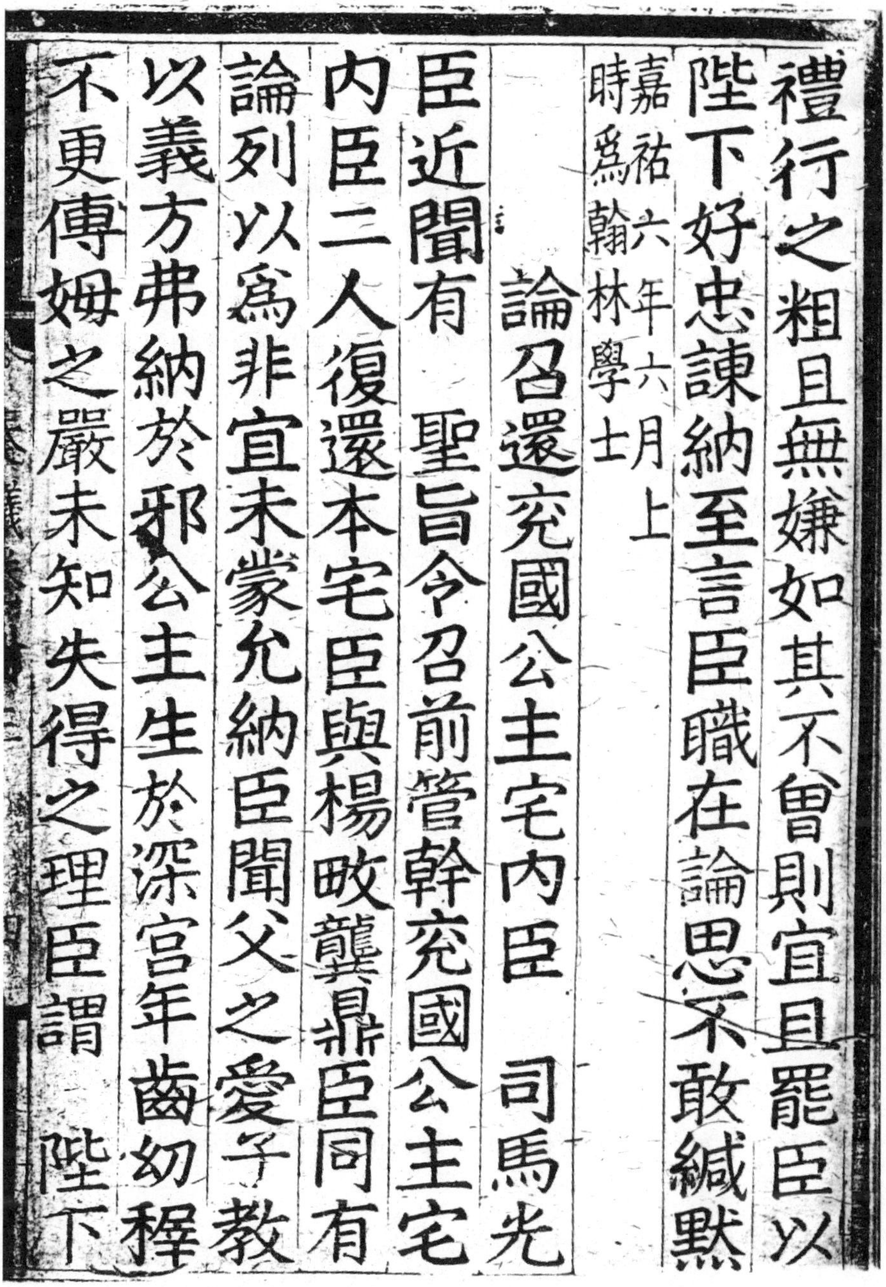

禮行之粗且無嫌如其不曾則宜且罷臣以
陛下好忠諫納至言臣職在論思不敢緘默
嘉祐六年六月上
時爲翰林學士
論召還兖國公主宅内臣　司馬光
臣近聞有　聖旨令召前管幹兖國公主宅
内臣二人復還本宅臣與楊畋龔鼎臣同有
論列以爲非宜未蒙允納臣聞父之愛子教
以義方弗納於邪公主生於深宫年齒幼稺
不更傅姆之嚴未知失得之理臣謂　陛下

图2–20　目前所知我国最早的金属活字印本《宋诸臣奏议》。现藏天津图书馆

末的明朝弘治初年（1488年），地点在江苏的无锡、常州、苏州一带。代表人物有无锡的华燧、华珵、华坚与安国等。

华燧会通馆用铜活字所印书籍可考者约19种，在明人铜活字印本数量方面首屈一指，且时间又最早。华燧（1439～1513年），字文辉，号会通，江苏无锡人。“少于经史多涉猎，中岁好校阅，辄为辨证，手录成帙。既乃范铜版锡字，凡奇书艰得者，悉订正以行，曰：‘吾能会而通之矣。’”[①]邵宝在《容春堂集·会通华君传》中也说：“（华燧）既而为铜字版以继之，曰：‘吾能会而通之矣。’乃名其所曰会通馆……”[②]他用铜活字印刷书籍始于弘治三年（1490年），当时排印的书籍是《宋诸臣奏议》，一共印了50册，是目前所知我国最早的金属活字印本。其他如弘治十三年（1500年）以前排印的《锦绣万花谷》、《容斋五笔》、《百川学海》、《九经韵览》、《文苑英华纂要》、《音释春秋》、《古今合璧事类备要前集》、《校正音释济经》等，相当于欧洲的摇篮本，特别珍贵。

华珵字汝德，号尚古，生于正统三年（1438年），卒于正德九年（1514年），成化八年（1472年）贡生。做过一任北京光禄寺署丞。《无锡县志》载：“华珵字汝德，以贡授大官署丞，善鉴别古奇器法书名画，筑尚古斋，实诸玩好其中；又多聚书，所制活版甚精密，每得秘书，不数日而印本出矣。”苏州名士祝允明（枝山）云：“光禄（指华珵）年逾七十，而好学过于弁髦。又制活字版，择其切于学者，亟翻印以利众，此集之所以易成也。自沈梦溪《笔谈》述活版法，近时三吴好事者盛为之；然印有当否，则其益有浅深。”[③]弘治十五年（1502年），华珵用铜活字排印了陆游的《渭南文集》、《剑南续稿》。

华坚，字允刚，为华燧的亲侄，也在正德年间用铜活字排印了大量书

---

①明·华渚：《勾吴华氏本书》三十卷之一《华燧传》。
②明·邵宝：《容春堂后集》卷七《会通华君传》（《四库全书》本，集部，别集类）。
③明·文征明：《甫田集》卷二十七《华尚古传》。

籍。传世本有正德八年（1513年）排印的《元氏长庆集》60卷；正德十年（1515年）排印的《艺文类聚》200卷；正德十一年（1516年）排印的《春秋繁露》17卷，《蔡中郎集》10卷，外传1卷。华坚排印的书，多有“锡山兰雪堂华坚允刚活字铜版印行”的牌子或刊语，又有“锡山”两字圆印，及“兰雪堂华坚活字铜版印”篆文小印，所有印本多注明活字铜版。兰雪堂本一行内排印两行，被称为兰雪堂双行本，传世稀少，颇得藏书家的好评，但《蔡中郎集》排印较差。另外，称为“华家铜板”但不知何家所印的书籍还有《史鉴》与《盐铁论》。

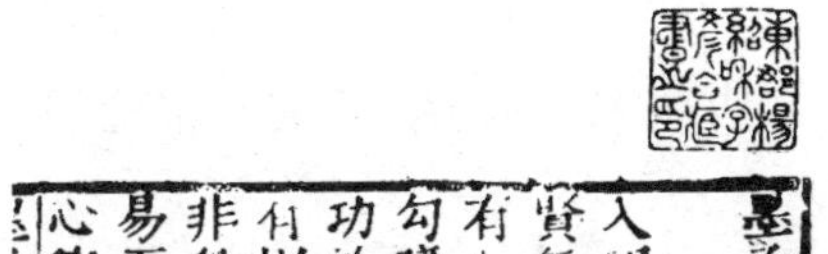
墨子卷之一
親士第一
入國而不存其士則亡國矣見賢而不急則緩其君矣非賢無急非士無與慮國緩賢忘士而能以其國存者未曾有也昔者文公出走而正天下桓公去國而霸諸侯越王句踐遇吳王之醜而尚攝中國之賢君三子之能達名成功於天下也皆於其國抑而大醜也太上無敗其次敗而有以成此之謂用民吾聞之曰非無安居也我無安心也非無足財也我無足心也是故君子自難而易彼衆人自易而難彼君子進不敗其志內究其情雖雜庸民終無怨心彼有自信者也是故為其所難者必得其所欲焉未聞

图2–21　1552年的铜活字蓝印本《墨子》。取自钱存训《纸和印刷》

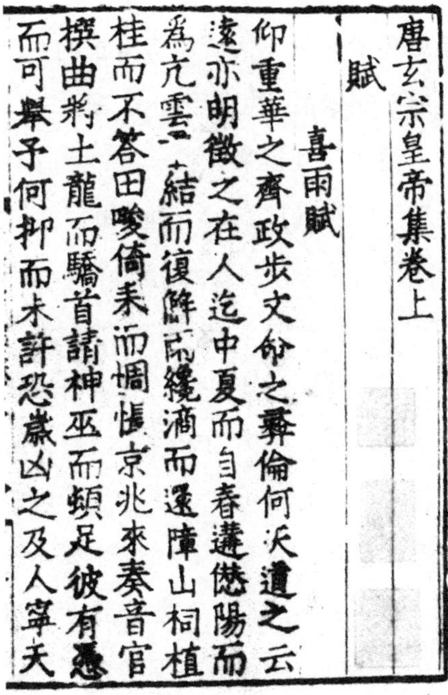
唐玄宗皇帝集卷上
賦
喜雨賦
仰重華之齊政步文命之彝倫何沃遺之云遠亦明徵之在人迨中夏而自春遘愆陽而為亢雲一結而復解雨纔滴而還陣山祠植桂而不答田畯倚耒而惆悵京兆來奏音官撰曲狀土龍而驕首請神巫而頓足彼有憑而可舉予何抑而未許恐歲凶之及人寧天

图2–22　16世纪的铜活字版《唐玄宗皇帝集》。取自钱存训《纸和印刷》

除无锡外，明代的常州、苏州、金陵也有人使用铜活字印书，如50种唐人诗集大概就是正德年间江苏地区所印。另外福建芝城（建宁）和建阳的铜活字印刷虽属商贾性质，有时一副铜字由多家合作使用，但印刷品的质量却也值得称赞，如《墨子》蓝印本就印刷得非常精美。

清代铜活字制作技术与印刷工艺比明代更加成熟，应用区域更加广泛。从现存文献来看，康熙年间内府就已使用铜活字印刷。包世臣云："康熙中，内府铸精铜活字百数十万，排印书籍。"《清宫史续编》卷九十四也言："我朝康熙年间御纂《古今图书集成》，爰创铜字版式，事半功倍，允堪模范千秋。"据说《星历考原》、《律吕正义》等这几部天文、数学、音乐书籍，是康熙年间用内府铜活字排印；《数理精蕴》则是用铜活字排印于雍正元年（1723年）。据考证，《星历考原》印于康熙五十二年（1713年）①。而同一年，福州人陈梦雷也借用内府铜字，印行了他的《松鹤山房诗集》9卷，《文集》20卷。从陈氏所印诗文集的字体与《古今图书集成》不同来推论，清政府所制铜活字可能不止一副。

清政府规模最大的一次铜活字印刷是雍正三、四年（1725、1726年）至雍正六年（1728年）排印的大型类书《古今图书集成》。全书分订5000册，以每函10册，分装500函，另编目录20册，分装2函，共计502函，5020册，是当时世界上最大的一部百科全书，比著名的第11版《不列颠百科全书》篇幅还要多四倍有余。版式为每半页九行，行二十字，由大小两种活字印成，字体为宋体，白口、四周双边，书中附图以木版雕刻，纸用细软洁白的开化纸和太史连纸，印刷精良，装帧富丽、大方。当时因为该书卷帙浩繁，故只印了六十四部，另加样书一部②。于宫内文渊阁、皇极殿、乾清宫各贮存一部，存藏《四库全书》的其他六阁也各贮存一部，其余颁赐在朝显宦。由于印数不多，传世至今更为稀少，现国内外仅存约12部，

①陶湘：《故宫殿本书库现存目》（中册）。《律吕正义》也有说印于雍正二年(1724年)的。

②对《古今图书集成》印刷部数有不同说法，卢文强以为只印20部，或以为60部，外国人麦高文以为30部，又有作100部的。蒋氏初报66部，雍正三年（1725年）又奏称："除进呈本已装潢外，尚有六十三部现在折配。"自相矛盾。乾隆四十一年（1776年）永培复查亦称64部，又有初刷样本一部不全。据乾隆三十四年(1769年)军机处档案，则作66部。光绪间上海同文书局石印时，也说："考铜板原印凡六十六部。"参见张秀民、韩琦：《中国活字印刷史》，中国书籍出版社，1998年，第86页。

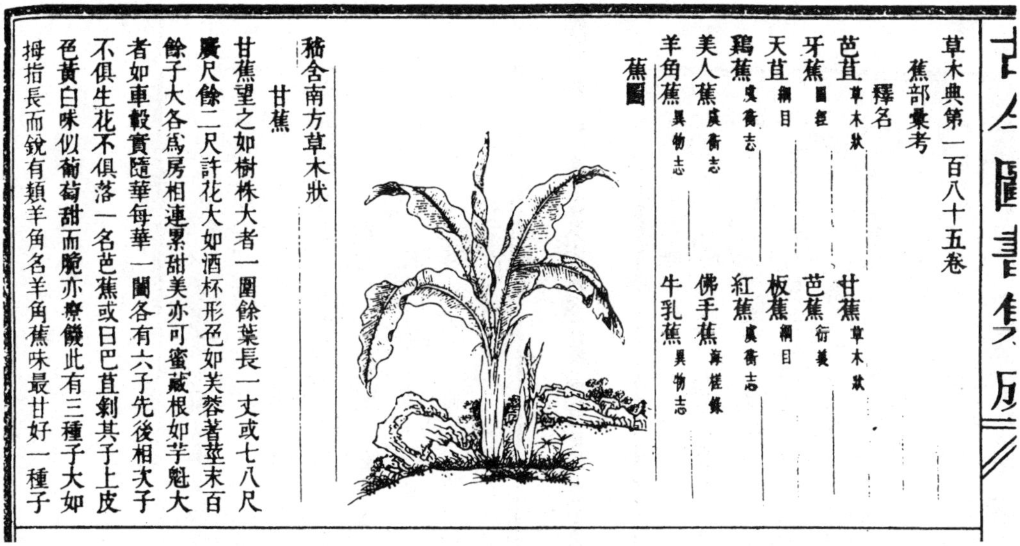
古今圖書集成
草木典第一百八十五卷
蕉部彙考
釋名
芭苴 草木狀　甘蕉 草木狀
牙蕉 圖經　芭蕉 衍義
天苴 綱目　板蕉 綱目
鷄蕉 虞衡志　紅蕉 虞衡志
美人蕉 虞衡志　佛手蕉 海槎餘錄
羊角蕉 異物志　牛乳蕉 異物志
蕉圖
嵇含南方草木狀
甘蕉
甘蕉望之如樹株大者一圍餘葉長一丈或七八尺廣尺餘二尺許花大如酒杯形色如芙蓉著莖末百餘子大各爲房相連累甜美亦可蜜藏根如芋魁大者如車轂實隨華每華一闔各有六子先後相次子不俱生花不俱落一名芭蕉或曰巴苴剝其子上皮色黄白味似葡萄甜而脆亦療饑此有三種子大如拇指長而銳有類羊角名羊角蕉味最甘好一種子

图 2–23　雍正六年（1728 年）用铜活字排印的《古今图书集成》。中华书局、巴蜀书社影印本

故宫博物院、北京图书馆等藏书单位藏有全帙。用金属活字出版这样一部巨著，不仅是金属活字印刷史上的典范，而且在世界印刷史上也是空前的壮举。这部类书对研究中国传统科学和文化具有非常重要的价值。

清廷的这批铜活字在排印《古今图书集成》之后，贮存于武英殿铜字库，设有库掌一员，拜唐阿两名，专门管理。遗憾的是，乾隆九年（1744年）铜字库残存铜字、铜盘全部销毁，改铸铜钱。从此这批珍贵的铜活字消失殆尽，为中国金属活字印刷的历史留下了极为痛心的一页。

清代民间最早使用铜活字印刷者，要算吹藜阁。康熙二十五年（1686年），吹藜阁排印了钱陆灿选、刘士弘订的《文苑英华律赋选》四卷，该书用楷书笔写体也就是所谓软字或今体字印刷，流利悦目，字迹清楚，印刷十分精致。半页十行，行十八字，黑口、四周大单边、双鱼尾，在书名页与目录下方及卷四终末行，均有“吹藜阁同板”五字，“同板”就是“铜版”的简写，明人或写作“仝板”。它的出版比《古今图书集成》约早40年，是现在所知清代最早的铜活字本。吹藜阁主人，姓名待考，可能为苏南常熟一带人。

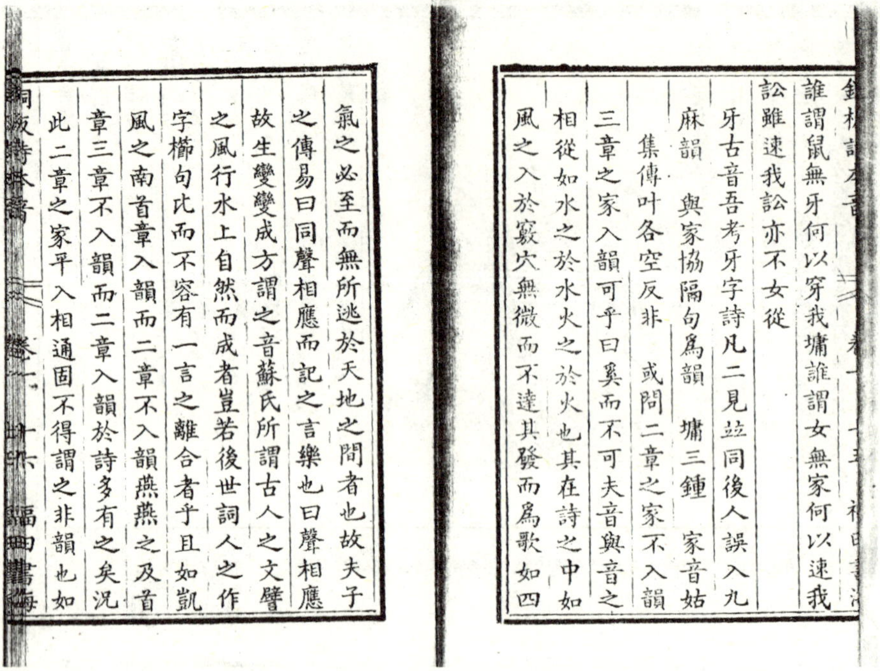
誰謂鼠無牙何以穿我墉誰謂女無家何以速我
訟雖速我訟亦不女從
牙古音吾考牙字詩凡二見並同後人誤入九
麻韻 與家協隔句爲韻 墉三鍾 家音姑
集傳叶各空反非 或問二章之家不入韻
三章之家入韻可乎曰奚而不可夫音與音之
相從如水之於水火之於火也其在詩之中如
風之入於竅穴無微而不達其發而爲歌如四
氣之必至而無所逃於天地之間者也故夫子
之傳易曰同聲相應而記之言樂也曰聲相應
故生變變成方謂之音蘇氏所謂古人之文譬
之風行水上自然而成者豈若後世詞人之作
字櫛句比而不容有一言之離合者乎且如凱
風之南首章入韻而二章不入韻燕燕之及首
章三章不入韻而二章入韻於詩多有之矣況
此二章之家平入相通固不得謂之非韻也如

图 2–24 清·林春祺福田书海铜活字版《诗本音》。现藏南京图书馆

清代常州的铜字印本仅见咸丰八年（1858 年）徐隆兴等所修《九修毗陵徐氏宗谱》。该家谱共 30 册，是现在所知家谱印本中唯一的铜活字印本，今藏于日本东洋文库[①]，但所用铜字出自常州何家，目前尚不清楚。

清代福州的铜活字印刷以林春祺最为著名。林春祺字怡斋，20 岁时曾赴杭州、苏州读书，跟随其父宦游洛阳、广东。林春祺从 18 岁起开始捐资镌刻铜活字，用了 21 年的时间，花费白银 20 万两，终于在道光二十六年（1846 年）完成。所造福田书海铜活字大、小各 20 余万字，比康熙内府所刻者几乎多一倍，也超过了朝鲜任何一批铜字数量。规模之大，字数之多，在亚洲金属活字制造史上罕有与其匹敌者。其制作铜活字的起因、经过与技术详细记录于《音论》卷首《铜版叙》中。

① 多贺秋五郎：《宗谱の研究》，第 129 页，转引自张秀民、韩琦：《中国活字印刷史》，中国书籍出版社，1998 年。

林氏用这套铜活字印过音韵、医学、兵法等方面的书籍。如顾炎武的《音学五书》，其中《音论》为上、中、下三卷；《诗本音》十卷。每半页八行，行十九字，四周双边、白口、线鱼尾，版心下刻“福田书海”四字。在《诗本音》的封面题有“福田书海铜版活字版，福建侯官林氏珍藏”十七字。书后有“古闽三山林春祺怡斋捐镌，兄季冠痴石校刊，长子永昌正画，次子毓昌辨体”字样。又印《军中医方备要》两小册，黄纸封面题“侯官林氏铜摆本”，行款字数与前二书同，版心却无“福田书海”四字，亦无出版年月。从现存林春祺所印之书来看，这副铜活字书写工整、镌刻精细，印刷质量也属上乘，充分表明我国清代铜活字刻制与刷印技术已经完全成熟。

清代杭州铜活字印书可考的，有咸丰二年（1852年）吴钟骏用聚珍铜版印行的他外祖父长洲孙云桂所著的《妙香阁文稿》三卷，《诗稿》一卷[①]。但铜字并非吴钟骏自有，而是因为他在杭州做官，遇到聚珍铜版，借用排印的[②]。另一部杭州铜活字印本是咸丰三年（1853年）满洲人麟桂在浙江做官时排印的澼絖道人所辑《水陆攻守战略秘书》七种，刘伯温重辑《诸葛武侯兵法心要》之《内集》二卷、《外集》三卷，《刘伯温先生百战奇略》十卷，《施山公兵法心略》二卷，凡十册。从末册有“省城西湖街正文堂承刊印”一行字来看，是由麟桂出资杭州书坊承印的。对该书所用活字，有人认为是木活字，而张秀民认为此书字体与福州福田书海林氏的铜版字体完全相同，故考订为铜活字[③]。至于福州福田书海林氏的铜字何以会流落到杭州，尚待查考。

此外，清代从事铜活字印刷的还有当时任台湾镇挂印总兵官的满族将领武隆阿，印有《圣谕广训注》，字画精致。另外印于太平天国壬戌十二年（1862年）的《太平天日》，封面旁有小字“钦遵旨准刷印，铜板颁行”字

①张秀民、韩琦：《中国活字印刷史》，中国书籍出版社，1998年，第89页。
②吴氏在跋文中称：“今岁长夏，校巡事毕，始以聚珍铜板，排次成文，印以行世。”
③张秀民、韩琦：《中国活字印刷史》，中国书籍出版社，1998年，第89页。

样，可能也为铜活字印刷。

（二）明清铜活字制作与印刷工艺

由于明清两代铜活字实物不存，因此对明清铜活字是铸造而成还是镌刻而成，学术界长期未有定论。笔者在模拟实验研究与民间工艺调查的基础上认为，明清两代铜活字的制作工艺主要由铸造字坯与反写镌刻两种工艺结合而成。只有这样才能既解释同页重复出现之字在笔画上彼此间差别较大的现象，又能对前人文献中的“铸”字做出合理解释。

1．铸造铜字坯

（1）材料　由于明清两代铜活字实物不存，难以准确判断铜活字的合金种类与比例。由于纯铜材质偏软，熔点较高，价格偏贵，铸造性能也不如铜锡、铜铅、铜锌合金，因此笔者认为就明清两代铜活字而言，采用铜锡合金与铜锌合金的可能性较大。

（2）铸范　铸造铜活字坯的陶范使用单范或合范均可以。陶范的制法是选用优质黏土，经晒干捶碎过筛后，按一定比例掺入细砂与草木灰，加水和成较稠的泥浆，然后再经练泥与陈腐后就可用于制作泥范了。制作泥范时先将陈腐后的泥料反复捶熟，把大号与小号铜字坯放在两块泥范之间，压制成大小两种字坯模，然后在坯模内开出浇口，阴干后放入窑中经高温烧制成陶范。

（3）铸造　将按一定比例称量好的铜、锡、锌、铅等放入坩埚中，然后将坩埚放在炉内加热。待坩埚内的金属熔化到符合浇铸要求时，便可将坩埚从炉中取出来，让坩埚的出口对准陶范的浇口进行浇铸。待陶范冷却到一定温度后，打开陶范，取出铸件，剪或凿去冒口等无用之物，就可得到铜活字坯。

2．镌刻铜活字

镌刻铜活字的工具主要有钢錾、小锤与印床，其镌刻工艺如下：

（1）平整铜活字坯　用锉刀、磨石等将铜活字坯修理得大小一致，高低平整。

（2）上印床　将十几枚或几十枚铜活字坯一次性地放在印床的夹具上加以固定。

（3）反写　先用胶水在铜活字坯准备刻字的那一面上涂一层，趁胶水未干时再涂一层黄丹粉，待铜活字坯上的黄丹粉干后就可以用毛笔在上面反写出待刻的字。

（4）镌刻　用左手持钢錾右手持小锤，按照反写字和笔画一笔一笔地镌刻，等固定在夹具上的铜活字全部錾好后，就可以松开夹具将铜活字取出。

（5）修字　对已经镌刻好的铜活字，经试印后觉得有必要修整时，可将需要修整的铜活字放在印床中再次錾削，直到满意为止。

（6）归类上架　按照音韵设立字柜，柜的高低和大小依金属活字的数量而定，放好后在柜子上写好韵名，并注上该韵内所存放的字名及相应的偏旁及笔画等。刻好的活字及拆版后的活字应全部按照字柜上的韵名、偏旁、笔画等排放，不可混乱。取字时按音韵、偏旁、笔画等分类查找，熟练之后成竹在胸，十分快捷。生僻之字可以另设小柜，按要求进行分类，熟悉后操作也十分便利。

3．铜活字印刷

（1）拣字　铜活字拣字方法与其他活字基本相同，内容可参见木活字印刷工艺。

（2）排版　将拣出的铜活字按一定版式排列在金属范内。由于铜活字高度比较一致，活字本身又不会因吸水而涨缩不等，因此通常不需在范内先铺一层松脂、蜂蜡、纸灰等物，也无需将铜范放在火上炀化待松脂、蜂蜡、纸灰之属熔融变软后再用一平板压按。如遇个别活字较低，可将该活字取出后，下底垫上削好的小竹片或纸片即可。

(3) 校对　先刷一张清样进行校对，如发现错漏字及需要改动的部分，立即进行抽换调整，然后再刷一张清样进行校对，如无谬误，就可以正式印刷。因错排而剔出的活字应及时放入字柜中贮藏。

(4) 刷印　铜活字印刷使用的纸张与雕版印刷基本相同，但印墨需作一些特殊处理，否则将很难保证印出墨色均匀的印刷品。模拟实验结果证明油墨最适合金属活字印刷，另外提高水性印墨的黏稠度也可以达到与油墨大致相同的效果。

（三）广陵书社铜活字制作与排版印刷工艺

1．铸造铜活字

(1) 制木字母　取枣木、梨木或黄杨木等质地细腻的木材锯成木板，阴干，刨平，锯割成一个个木活字坯，然后用刀修理平整，打磨光滑。用毛笔根据字书或韵书将待刻的字分别写在薄纸上，然后裁割成小字片反贴在木活字坯上，用拳刀刻出阳文反体的木字，然后按音韵或按其他方式排列在字架或字柜中。

图 2–25　铸造铜活字使用的材料与工具

(2) 制砂型　将配制好的型砂加入硬化剂后捣实在特制的木框内，在型砂硬化之前用木字母在型砂上压印出浇铸用的活字阴模，通常一块砂型上按压48个活字，待型砂硬化后将砂型从特制的木框内取出就成了浇铸铜活字的砂型了。

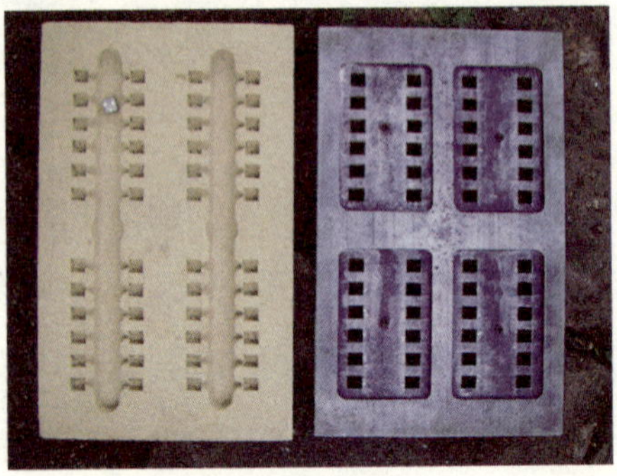

图 2–26　铸造铜活字用的砂型

(3) 铸造　将按一定比例称量好的铜、锡、锌、铅等放入坩埚中，

图 2–27　浇铸铜活字用的坩埚与“葡萄串”

然后将坩埚放在炉内加热。待坩埚内的金属熔化到符合浇铸要求时，便可将坩埚从炉中取出来，让坩埚的出口对准砂型的浇口进行浇铸。待砂型冷却到一定温度后，打开砂型，取出铸件。此时的铸件形态有些像一串葡萄，所以又称做“葡萄串”。然后将冒口等无用之物锯掉，就可得到铜活字。

（4）修字　对已经浇铸好的铜活字上笔画不清晰的地方进行适当的修整。再用锉刀把铜活字修理平整，就成了可以用来印刷的铜活字了。

图 2–28 排好的铜活字版

（5）归类上架　将铜活字按照音韵、偏旁、笔画等排放，这样有利于分类查找，提高排版速度。

2．**印刷**

（1）拣字　铜活字拣字方法与其他活字基本相同，内容可参见木活字印刷工艺。

（2）排版　将拣出的铜活字按一定版式排列在木制版框内，排放铜活字前框内先铺一层细砂，这样可使排版的铜活字高度一致。排版之后将铜活字版塞紧，防止松动。

（3）试刷　先试刷一张清样进行校对，如无谬误，就可以正式印刷。

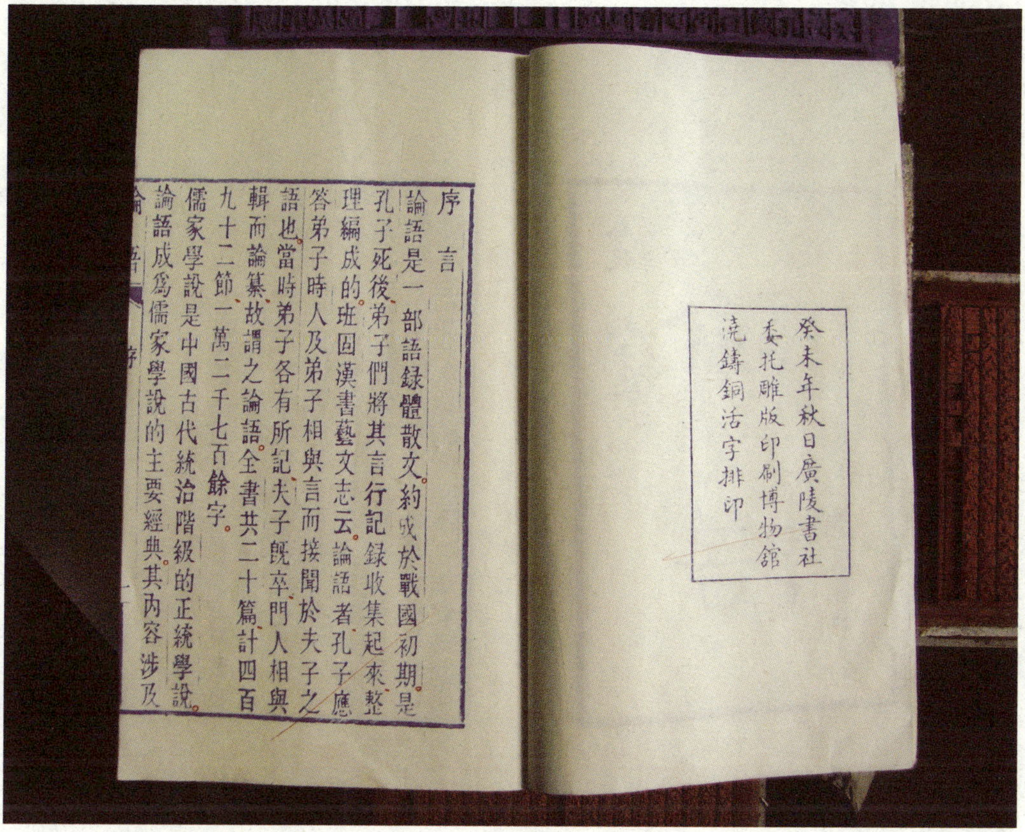

图 2–29　广陵书社的铜活字印本

如发现错漏字及需要改动的部分，则抽换调整，然后再刷一张清样进行校对，直到无误。

（4）刷印　方法与木雕版、木活字版相同。

（5）装订　参见雕版印刷相应工序。

第三篇

木版年画

一、木版年画的起源与发展

年画，宋代称“纸画”，明代称“画贴”，清初北京称“卫画”，杭州称“欢乐图”，苏州称“画张”，是农历新年时节张贴于门户或室内的一种民间画。木版年画是年画中的一类，是以绘稿、刻版、印刷为主要手段制作的一种民间画，是雕版印刷技术与绘画、民俗、宗教及其他艺术形式有机结合的产物。其内容多以描写现实生活以及广大民众喜闻乐见的神话传说和历史故事为主，寄托广大民众祈求来年“五谷丰登”、“福祥喜瑞”、“子孙健旺”等愿望，烘托节日气氛。

虽然年画在我国已经有两千年的历史①，但木版年画却是在唐代才开始出现。沈括在《梦溪笔谈》中对此有详细记载：

禁中有吴道子画钟馗，其卷首有唐人题记曰：明皇开元讲武骊山，岁翠华还宫，上不怿，因痁作，将逾月，巫医殚伎，不能致良。忽一夕，梦二鬼，一大一小。其小者衣绛犊鼻，屦一足，跣一足，悬一屦，搢一大筠纸扇，窃太真紫香囊及上玉笛，绕殿而奔。其大者，戴帽，衣蓝裳，袒一臂，鞹双足，乃捉其小者，刳其目，然而擘而啖之。上问大者曰：尔何人也？奏云：臣钟馗氏，即武举不捷之进士也，誓与陛下除天下之妖孽。梦觉，痁苦顿瘳，而体益壮。乃诏画工吴道子，告之以梦曰：试为朕如梦图之。道子奉旨，恍若有睹，立笔图讫以进。上瞠视久之，抚几曰：是卿与朕同梦耳，何肖若此哉！道子进曰：陛下忧劳宵旰，以衡石妨膳，而痁犯之。果有蠲邪之物，以卫圣德。因舞蹈上千万岁寿。上大悦，劳之百金。批

①汉·蔡邕《独断》：“海中有度朔之山。山有桃木，蟠居三千里，卑枝东北有鬼门，万鬼所出入也。神荼与郁垒二神居其门，阅领诸鬼，其恶害之鬼，执以苇索食虎。故十二月岁竟，常以先腊之夜逐除之也。乃画荼、垒并悬苇索于门户，以御凶也。”

曰：灵祇应梦，厥疾全瘳。烈士除妖，实须称奖，因图异状，颁显有司。岁暮驱除，可宜偏识，以祛邪魅，兼静妖氛。仍告天下，悉令知会。熙宁五年（1072年），上令画工摹拓镌版，印赐两府辅臣各一本。是岁除夜，遣人内供奉官梁楷就东西府给赐钟馗之像。①

两宋时期，木版年画得到了大面积的推广与普及，形成了以汴京、杭州及平阳等为代表的木版年画产地，呈现出一派欣欣向荣的景象。孟元老《东京梦华录》②记有“近岁节，市井皆印卖门神、钟馗、桃板、桃符及财门、钝驴、回头鹿马、天行帖子”。虽未指明这些印刷品的来源，但却形象地记录了当时东京汴梁木版年画印刷业的兴盛与印刷品的种类。孟元老在书中还介绍了北宋后期东京已出现了专门生产与销售“纸画儿”的市场，“朱雀门外及州桥之西，谓之果子行，纸画儿亦在彼处，行贩不绝”，“朱雀门西大街相对梁家珠子铺。余皆卖时行纸画花果铺席”，冬至后，“御街游人嬉集，观者如织，卖扑土木粉捏小像儿并纸画，看人携归，以为献遗”③。从销售量如此之大来看，这些“纸画儿”其中可能有相当一部分是印刷品，加之销售时间又是在冬至后，因此其中一部分应属于新年时节张贴的“木版年画”。另外一本记录北宋京城所见所闻的《梦粱录》在谈及宋代东京开封的“诸色杂卖”时也说“日供打香印者，时节即印施佛像等”、“纸马铺印钟馗、财马、回头马等馈与主顾”④。这里的纸马铺与《东京梦华录》中经营业务相同，是专门从事印刷业的场所。印刷的内容不但包括书籍，而且包括了钟馗一类的木版年画与财马、回头马等时节使用的图绘印刷品，此说可为北宋汴梁印刷业的繁荣又添佐证。

---

①沈括著、胡道静校：《梦溪笔谈校正》，上海古籍出版社，1987年，第986～987页。

②《东京梦华录》是孟元老“从先人宦游南北，崇宁癸未（1103年）到京师卜居”后，所“记崇宁以后所见”，所以“其间事关宫禁典礼，得之传闻者，不无谬误。若市井游观，岁时物货，民风俗尚，则见闻习熟，皆得其真”。

③宋·孟元老：《东京梦华录》。

④宋·吴自牧：《梦粱录》。

北宋年间的木版年画版片存世极少。1994年，文物工作者在温州皇岙石塔中发现了一幅北宋时期的套色木刻版画《蚕母》，根据同时发现的碑记所载，这是一幅北宋元祐（1086～1094年）年间的印刷品。《蚕母》画面残高约21厘米，残宽约19厘米，是用阳线刻版，以浓墨、淡墨、朱红及浅绿色套印而成。画中蚕母造型丰满，神态自然，衣纹飘逸，妆饰与唐、五代妇女相近，线条流畅，显现出娴熟的雕刻技巧。

图 3–1 北宋时期的套色木刻版画《蚕母》。取自徐湖平主编、徐艺乙等著《木版年画》

中国历史博物馆还藏有两块宋代雕版。一块长59.1厘米，宽15.3厘米，刻有一位神态娴静自然的妇人，其发式及衣饰颇具唐风。整版造型优美、线条遒劲、刀法纯熟。另一块长26.4厘米，宽13.8厘米，上部刻有一细花大幔帐，其下有戴冠妇女三人，

图 3–2 北宋年画印版。取自徐湖平主编、徐艺乙等著《木版年画》

图 3–3 北宋年画印版。取自徐湖平主编、徐艺乙等著《木版年画》

形态丰腴，画面左下有楷书“三姑置蚕大吉”，右下有楷书“收千斤百两大吉”，似为蚕神。这两块神像版均出土于北宋巨鹿城址，当是北宋遗物无疑。两块雕版均为质地坚实的枣木雕刻，从其内容来看，应为木版年画印版。

南宋时期，都城临安（杭州）的木版年画业也非常兴盛发达。“都下自十月以来，朝天门外竞售锦装拳历、诸般大小门神、桃符、钟馗、狻猊（狮子）、虎头，及金缕花、春贴、幡旌之类，为市甚盛。”[①]西湖老人《繁胜录》也说：“街市宽阔处有卖等身门神、金漆桃符板、钟馗、财门。”[②]这些文献不仅反映了南宋杭州市面上年画印刷业的兴盛，而且所卖年画的种类也十分繁多。

山西的平阳是宋金时期木版年画的另一重要产地。平阳系就金代山西平阳（临汾）一带而言，是当时的雕版印刷中心之一，也是北方年画业的中心。平阳地区的印刷业在辽金时期骤然发达，极可能与北宋开封陷落后，刻工画匠迁徙平阳有关。平阳除了在1148～1173年间刊印了天宁寺《大藏经》外，在民间还产生了若干所著名的印刷作坊。有据可考的有：平阳张存惠（魏卿）晦明轩（或称平阳张存惠堂、晦明轩张宅）、平水中和轩王宅、平阳李子文、平水刘敬仲、平水徐家、平阳姬家等。这些书坊不仅刻印了大量的书籍，如《大观本草》、《新刊韵略》、《滏水文集》、《丹渊集》、《通鉴节要》、《道德宝章》、《增广分门类林杂说》、《尚书注疏》、《地理新书》、《春秋纂例》、《明堂灸经》等，而且刻印了一些附有精美插图的本草书与木版年画。其中以刻印过《四美图》的平阳姬家与刻印过《义勇武安王位》的平水徐家因有原作存世而闻名。事实上除姬、徐两家之外，应该还有相当一部分作坊印刷过木版年画，它们共同促使平阳在我国北方地区形成另一个印刷中心。

①宋·周密：《武林旧事》。

②宋·西湖老人：《繁胜录》。

图3–4　隋朝窈窕呈倾国之芳容。取自徐湖平主编、徐艺乙等著《木版年画》

图 3–5　义勇武安王位。取自徐湖平主编、徐艺乙等著《木版年画》

宋金木版年画中值得一提的还有套色木版年画《东方朔盗桃图》。该图是 1973 年 8 月在修葺西安碑林石台孝经碑时发现的。画面是一头戴罩巾，身穿宽领大袖袍，腰系豹皮裙，旁挂药葫芦的老人（东方朔），双手握一折枝仙桃搭在肩上，回首面作笑容，双足向前奔行。图上虽有“吴道子笔”题款和“道子之印”图章一方，但显然为民间画工之托名（因民间年画艺人尊吴道子为画行祖师）。

《东方朔盗桃图》为一祝福庆寿之作。《初学记》有“东都献短人，帝呼东方朔，朔至。短人指朔曰：王母种桃三岁一子，此子不良，已三过偷之矣”之说。又《汉武故事》也记有东方朔与西王母和汉武帝类似故事，后人遂以东方朔盗桃为庆祝老人长寿之颂词。原图纵高100.8厘米，横宽55.4厘米，轮廓墨线用墨线版印刷，再分别用淡墨和浅绿色印版分色套印。此图套印准确，线条遒劲，人物比例适当，神态生动有趣，为研究我国木版年画和套色印刷术提供了不可多得的珍贵实物资料。

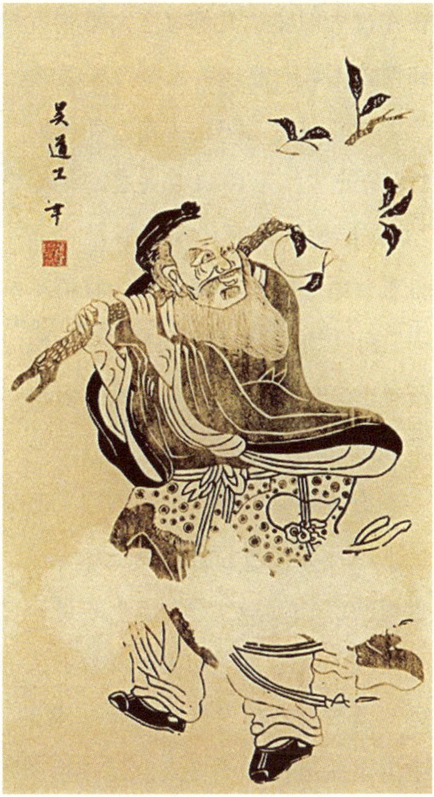

图3–6 《东方朔盗桃图》

《东方朔盗桃图》的出现并非偶然。据《宋朝事实》记载：北宋初年四川民间流通的交子就已采用“朱墨间错”的套印方法。《繁胜录》中记有“街市宽阔处有卖等身门神、金漆桃符板、钟馗、财门”[①]。这种纸币套印技术与等同真人大小的印刷年画均反映了宋代的印刷技术水平，为大幅面套色印刷版画《东方朔盗桃图》的出现奠定了基础。从绘刻工艺上讲，大幅面年画虽然较小幅面年画粗放，但在木版的拼接及刷色的均匀度上要求却比一般的小幅面年画为高。因此从技术史的角度来看，只有当等身大幅面门神类木版年画印刷技术比较成熟后，才能在公元十二十三世纪的宋金时期出现像《东方朔盗桃图》那样精彩的大幅面套印彩色年画巨作。

元代的木版年画遗物不多，仅见有画家王振鹏绘制的《货郎图》，无题识的《春景戏婴图》、《三元报喜图》、《进宝图》等寥寥几幅。王树村先生

①宋·西湖老人：《繁胜录》。

曾在过去旧藏的几卷《至大重刻宣和博古图》中发现数张刻印于黄表纸上的《财门之图》、《八方朝贡》、《骆驼进宝》等类如纸马之物，因“其人形象妙似元代插图版画，而且衣装略与明清绘画中人物打扮不同”而认为“《八方朝贡》诸图，原版绝非明清年间之物。据此暂置于元人纸马中，存疑备考”①。

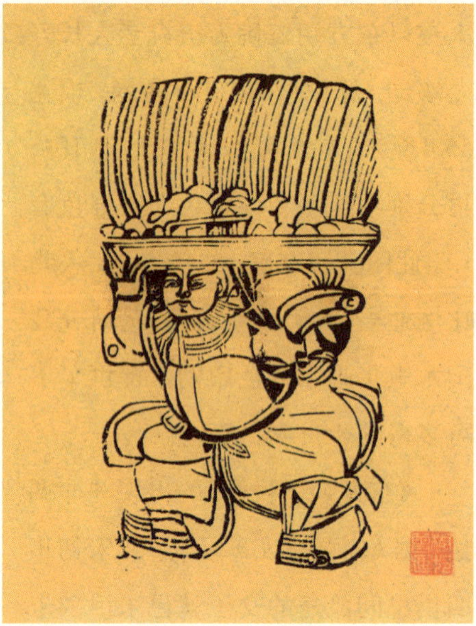

图 3–7 《进宝图》，元代刻印。取自王树村《中国民间年画史论集》

有关元代木版年画的刻印工艺水平，可从《进宝图》中获知一些重要的信息。《进宝图》描绘的是一个送宝入室的力士形象，该力士头顶一盘放射着霞光异彩的金珠宝玉，面带微笑，虽孔武有力但却因珠宝过于沉重而显得力不可支。该画构图粗犷夸张，线条流畅，疏密适当，尤其是方盘中珠宝发出的霞光，粗细相间，加上人物的形态也作身负重物状，给人一种方盘之中所载宝物十分沉重的感觉，整个画面虽着墨不多，但简练协调。

元代有关年画的文献虽然不多，但《耕织图》一类新题材的出现却反映出元代在木版年画题材上的新创意。这种以反映北方农业生产为主要内容的风俗题材可视为继南宋刘松年、楼璹《耕织图》之后发北方地区《男十忙》、《女十忙》和《合家欢乐大过新年》等题材画样之先声。有关这类题材的画样今虽已不可见，但通过元代书法家赵孟頫的诗词倒也可知大致内容。赵孟頫在《题耕织图二十四首》中言:“田家重元日，置酒会邻里；大

①王树村:《中国民间年画史论集》，天津杨柳青画社，1991 年，第 72 页。

小易新衣，相戒未明起。老翁年已迈，含笑弄孙子；老妪惠且慈，白发披两耳。杯盘且罗列，饮食致甘旨；相呼团栾坐，聊慰衰暮齿……”“季秋霜露降，凛凛寒气生；是月当授衣，有布织未成。天寒催刀尺，机杼可无营；教女学纺纻，举足疾且轻……”[①]咏读之间，顿觉一派邻里和睦、合家欢乐的气息，绵长浓郁地溢于字里行间。表现了当时在政府提倡农耕、奖励棉桑、推行科学技术的措施下，农村中呈现的现实生活风貌。

明代，太祖朱元璋十分重视戏曲、绘画等艺术作品对风化教育的作用[②]。余继登《典故纪闻》曾说“太祖尝命画古孝行及身所经历艰难起家，战伐之事为图，以示子孙”。祝允明《野记》也说“高祖与宫人语不离稼穑，后宫垣壁、屏幛，多绘《耕织像》焉”。到了晚明时期，宫里还将《三月韶光》、《富春山子陵居》等词曲，选整套者分编题目，画成围屏，其目的是“因圣子神孙生于宫壸之中，长于阿保之手，所以制此种种作用，无非广识见，博聪明”[③]。宫中提倡的《耕织像》、《三月韶光》等风俗画，虽然是以教育与外界隔绝的贵人和皇孙太子为目的，但由于统治阶级的提倡，这些绘画题材极可能对民间产生很大影响，促进了木版年画题材的扩大。

明代万历年间，随着版画黄金时代的到来，木版年画艺术特征愈加鲜明，年画艺术深入民间，走入千家万户，一时间民间“室中多画‘绵羊引子’画，贴司礼监刷印《九九消寒之图》”[④]。

明代流传下来的年画中，有弘治元年（1488年）的《九九消寒之图》、嘉靖十五年（1536年）的《皇明一统图》、嘉靖四十四年（1565年）的《一团和气图》、隆庆元年（1567年）的《寿星图》、隆庆六年（1572年）的《南极星辉图》、万历二十五年（1597年）的《八仙庆寿图》以及《钟馗图》、

①赵孟𫖯：《松雪斋集》，《题耕织图二十四首》。
②朱元璋曾极力称道《琵琶记》“如山珍、海错，贵富家不可无”（《南词叙录》），并于洪武初年（1368年），凡“亲王之国，必以词曲千七百本赐之”（明·李开先《李中麓闲居集·张小山令后序》）。
③明·刘若愚：《酌中志》。
④明·刘若愚：《酌中志》。

《孝行图》、《朱拓寿星图》、《百吉图》、《万年如意》、《寿天百鹿》等，这类年画中大部分是彩绘作品，但也有木刻印刷的精品。如弘治元年刊刻的《九九消寒之图》，由一枝插于花瓶之中的梅花与周边九幅画面所组成，花瓶之中的梅花共开放了八十一朵，象征着九九八十一天，整图线纹精细，画面清晰，图文并茂，颇见情趣。

清代的木版年画在技术上没有大的进步，但是创作题材范围非常广泛。包括市俗生活中的渔樵耕牧、士商学兵、医卜星相、三教九流，历史故事中的功臣良将、清官廉吏、英雄义士、游侠剑客、孝妇贤母、顺子烈女、诗

图 3–8　《九九消寒之图》。取自王树村《中国民间年画史论集》

图 3–9　《寿星图》，明代刻绘。取自王树村《中国民间年画史论集》

人才女、儒林隐士、僧道神佛以及名山胜迹、珍禽异兽、仙花仙草、飞虫游鱼、马路佳景、矿区机器、学校洋房等。体裁也日益多样，普通常见的有屋内贴的“贡尖”、“横、立三裁”，门上贴的“单、双门童”、“门神”，市肆挂的“屏条”，结婚用的“喜对”，迁居、祝寿应酬送礼用的“贺对”、“中堂”，粮囤、影壁上贴的“方福字”，缸上贴的“游（有）鱼（余）”，窗格、承尘装饰用的“天光子”，门楣隔扇贴的“横条”，茶楼、行会中张挂的四六尺“大横披”，蒙古包里悬的“格景”，西北一带寺院里挂的“洋林”，以及博戏用的“升官图”、“庄家忙”、“七十二行”，京东一带除夕门前所悬挂的“灯笼方子”，雕镂窗花用的“彩花样子”，挂历上粘的“粗细八仙”、“金刚罗汉”……除少数是手绘或单线木刻者外，绝大多数都是木刻套色外加敷彩。另外，清代对于年画中所包含的教化作用认识更清，如清道光二十九（1849年），李光庭在《乡言解颐》中“新年十事”一节中说：“扫舍之后，便贴年画，稚子之戏耳。然如《孝顺图》、《庄稼忙》，令小儿看之，为之解说，未尝非养正之一端也。”此说与南齐谢赫“图画者，莫不明劝戒，著升沉，千载寂寥，按图可监”，唐张彦远“夫画者，成教化，助人伦，穷神变，测幽微，与六籍同功”①一脉相承，明确指出了张贴年画的意义。

民国期间，内忧外患，民不聊生，加之机印商业月历牌的冲击，传统的木版年画业基本处于停滞与倒退的境地。

中华人民共和国成立以后，木版年画业获得新生，天津杨柳青、东丰台，河北武强、张家口，北京，河南灵宝、郑州、朱仙镇，山东潍坊、兖州、泰安，山西汾州、大同、长治、太原，陕西凤翔、汉中，甘肃天水，安徽临泉、亳县、宿县、太和、阜阳、界首，江苏南通、无锡、苏州、南京，上海，福建泉州、漳州，江西九江、南昌，湖南辰州、邵阳滩头镇，广东佛山，浙江绍兴，广西柳州，四川绵竹、夹江等一批木版年画产地也在传

①唐·张彦远：《历代名画记》，文渊阁《四库全书》本。

统年画的保护与新年画的创作上做出了重要的贡献。2006年，杨柳青木版年画、武强木版年画、桃花坞木版年画、漳州木版年画、杨家埠木版年画、高密扑灰年画、朱仙镇木版年画、滩头木版年画、佛山木版年画等进入第一批国家非物质文化遗产名录。由于本书篇幅有限，故不得不忍痛割爱，仅以天津杨柳青、苏州桃花坞、山东潍坊杨家埠、河南朱仙镇为例加以阐述。

二、杨柳青木版手绘年画印刷技艺

多数研究者认为杨柳青年画起自明代末期①，当时究竟有哪些年画作坊，至今还未找到确切的记载。现知清代早期从事杨柳青年画生产的作坊有戴廉增、齐健隆两家。其后相继开业的还有“美丽”、“廉增丽”、“盛兴”、“爱竹斋”、“宪章”、“高庆云老画店”等。

杨柳青年画与别处年画既有共同的特点，也有独特的个性。在题材上，杨柳青年画的内容多取材于戏剧和曲艺故事,反映世俗生活。在人物造型上，杨柳青年画的人物造型比较符合真人比例，夸张程度较小，和人体结构较吻合。在色彩上，多用粉、紫、橙、绿等颜色，画面柔美和谐。在人物的主要部分都用粉、金烘托，有一部分作品带有少许的“脂粉味”，表现技法更接近工笔重彩的国画。在画面处理上，非常重视装饰性和形式美的效果，也很注意构图的对称、虚实、均衡和统一。在工艺上，杨柳青年画既用木版套印，也用人工敷色加工描绘。为了满足社会不同阶层的需求，杨柳青年画艺人们分别制作出三个等级质量的年画：一是为普通百姓过年准备的“粗活”，二是进贡给宫中贴用的“细活”，三是供给城乡富裕人家的“二细活”。粗活通常只印不绘，而“细活”和“二细活”采用印、绘结合

①主要是根据戴家家谱。因戴家在杨柳青设有画店，传到戴廉增已是第九世，而戴廉增生于雍正十三年，由此上溯而得。

的工艺，把版画的刀法版味与绘画的笔触色调,巧妙地融为一体，使两种艺术相得益彰。在色彩上，加调白粉，使作品显得柔和、雅致，给人以舒雅、素淡、文静、调和、悦目的感觉。有些作品格调明朗、色彩鲜艳，但却没有生硬、刺目之感。在敷色上，杨柳青年画有填有染，笔触矫健有力。形成了一种既有遒劲工丽的木刻韵味，又不失民族传统绘画风格的“杨柳青木版年画味”。

图 3–10 杨柳青镇的玉成号画庄

杨柳青年画的产地，除杨柳青镇外，周围的许多村庄，如炒米店、泊头、周李吴、古佛寺、田庄、周庄、赵庄、李庄、张家窝、高家村、东丰台等三十多个村庄均从事年画生产。杨柳青是当时的生产中心和集散地。从现有资料来看，清代乾隆、嘉庆年间是杨柳青年画最兴盛的时期，到了清末则日渐衰落，尤其是抗日战争爆发后，日本帝国主义在华北大搞“三光”政策，把杨柳青镇及附近村庄的老艺人家中仅存的上代留传下来的雕版，大部分烧毁，将经营了三百多年的年画业破坏殆尽[①]。解放前夕，杨柳青年画已濒

①张映雪：《杨柳青木版年画的源流及其艺术特色》，天津市艺术馆编：《杨柳青年画》，文物出版社，1984年。

临绝境，画坊倒闭，后继无人。中华人民共和国成立以后，在党和人民政府的重视下，加之许多同志努力收集整理，杨柳青年画制作技艺又得以传承发扬。

（一）材料

1．纸张

早期的年画多用传统的皮纸，清代后期，采用进口的日本洋粉帘纸，价格虽廉但脆薄黄糙，远不及国产南料棉连洁白柔软，现多用安徽泾县宣纸厂生产的棉料。

2．颜料

（1）印刷用墨　多采用“黑烟子”制作而成。黑烟子即柴草燃烧后结于锅底的积炭，民间与传统医学又称为“百草霜”。

（2）描绘填彩用墨　主要使用市售高档书画墨汁，如北京一得阁墨汁。

（3）其他颜料　光绪以前，各年画作坊使用国画颜料，多采购于苏杭，装船北运。有些颜料如槐黄、朱砂、大红、赭石，袭用土法自己制造，故制出的年画色彩典丽，经久不褪。光绪末年开始试用外来的洋货，如毛蓝、禅绿等。以后除槐黄、赭石、黑烟子外，全部采用了进口廉价的洋染料，故颜色一晒即褪，完全失去了民间年画中醇然富丽的固有特色。现在杨柳青年画主要的国画颜料一部分采用市售成品国画颜料，另一部分仍然是自己购买原料后重新研磨加胶后制得。

（二）设备与工具

1．印刷台

杨柳青年画的印刷台一般多为自制，尺寸大小不一，但总体特点与雕版印刷用的印刷台非常相似，即两块板之间有一个宽约10～15厘米的空隙，用来悬置印过的纸张。

2．门子

门子是杨柳青年画工艺中较为独特的一种设备，主要作用是将印有墨线的年画粘贴在上面之后用笔填敷色彩，作用相当于竖立的画板。门子的另一个作用是有效利用空间，这种安有门轴的门子可以左右转动，既便于操作又不太占用空间。门子的制作方法是，先用木材制成高150厘米、宽89厘米的木框，中间加有若干条木衬，然后用白纸在木框外裱糊数层，最后用包裹宣纸用的包装纸裱糊最外一层，据画庄主人说，用这种纸裱糊的门子效果最好。

图 3–11　杨柳青玉成号画庄的“门子”

3．刻版与印刷工具

杨柳青年画用于刻版的拳刀、打空的凿子、刷色的把子、擦印的擦子等在外形上与雕版印刷使用的没有多少差别。

4．描绘填彩工具

毛笔是主要的描绘填彩工具，分狼毫与羊毫。狼毫多用于勾线，羊毫则用于渲染敷彩。

（三）制版与印刷工艺

1．版材处理

（1）选材　杨柳青木版手绘年画一般选用杜梨木（Pyrus bdtulaefolia Bge）作为雕版材料。杜梨即棠梨，又称杜、甘棠、杜棠、野梨、土梨，木质坚硬细腻，是中国古代常用的雕版与墨模材料。早年杨柳青也曾采用过

图 3–12　杨柳青玉成号画庄使用的部分刻版工具

枣木制作雕版，但随着杨柳青镇南乡一带枣树林的消失，枣木版渐渐少见，目前所用的杜梨多购自于河北霸州。

（2）锯板　将购回的杜梨木砍去多余的小枝，将木材纵向锯成约 5 厘米厚的木板。用作套版的木板稍厚，用作线版的木板稍薄。木板锯好后务必将树皮剥干净，否则易生蛀虫。一旦木板被虫蛀食，则不能用于刻制线版，最多只能刻制套版，如果虫蛀得过分严重，则只好弃之不用。

（3）干燥　新锯截的木板含水量较高，保管不当就容易被微生物侵蚀或遭到虫子的蛀食。所以锯好的木板应平码于无直射光的通风处，令其自然干燥。木板自然干燥的时间一般需要 5 ～ 6 个月。

（4）拼板　通常加工干燥后的版材宽度在 10～20 厘米之间，而年画的版面则往往较大，如中门神大小为 40 厘米 × 70 厘米，大门神则版面更大。所以在刻制大版面年画时，首先要将数块小木板拼接成一块大板，然后再进行雕刻。拼接的技术要点是，根据版面大小，选择若干块无虫眼、少疤节的木板，将每块木板的拼接面刨平，画上打眼位置，写上拼接序号，然后根据画出的位置，在每块木板的拼接面上钻出 3～4 个深 3～4 厘米的洞眼，插入铁制的枣核钉，再在每块板的拼接面上刷一层猪皮鳔子（即用猪皮或猪骨制成的胶)，最后将木板一块块拼接起来。拼板中需要注意的问题是，尽量让疤节避开可能有墨线或套色的部分，如果确实避不开，就只好将疤节部分用凿子剔成上大下小的梯形凹坑，然后再补上一块大小相同的木块。

（5）平板　待拼接的木板粘牢后，先用木工刨将整块木板刨平、刨光，然后再用稻草茎蘸油将木板表面细细打磨平滑。

2．颜料的制作

采粉　所谓“采粉”是指制作颜料的工艺过程。采粉的目的是使原来不易附着在画面上的石性颜料，通过加入胶水研磨，使颜料变得更细更匀，可以很好地附着于纸面。杨柳青年画使用的黑色或其他颜色的石性颜料需经过采粉。采粉使用的工具极为简陋，一是质地粗糙、内面无釉的黑色粗瓷碗，二是一块长约15厘米的破瓦盆边。

采粉的关键是加胶，胶又分骨胶或皮胶，是用猪或牛等动物的骨或皮经高温熬制而成，干燥品呈黄色的颗粒状或片状。颜料中加入胶量的多少直接影响到制成颜料的质量，胶多的颜料会令画面上出现大大小小的“麻眼”；胶少的颜料则不易黏附于画面而易脱落，同时还容易在渲染时将下层颜色搅动起来，使画面污损。所以对杨柳青年画艺人来说，采粉是秘不传人的绝技。

图3–13　杨柳青玉成号画庄使用的采粉工具

采粉的操作过程是，先将少量石性颜料如石青放入内面无釉的黑色瓷碗中，加入适量的胶与水，然后用手拿着破瓦盆边，在放有颜料、胶和水的瓷碗内进行研磨，磨至石青变得十分细腻，均匀地分散于胶、水之中，便可以倒入其他容器中贮藏备用。

3．刻版

（1）起稿　杨柳青年画的原稿多由画家绘制，俗称“粉稿”。粉稿一般是秘不示人的，通常只有需要制版时，才由艺人取出，依样在棉连纸上描摹。描摹通常是用毛笔蘸自制的黑烟子在棉连纸上临摹，现在多用“一得阁”墨汁勾线，临摹好后即成所谓的“样稿”。

（2）上版　上版也称上样。通常的做法是，在表面打磨光滑的木板上刷一层稀糨糊，将样稿的正面向下，用平口的棕毛刷把样稿横平竖直地刷贴到木板上。

（3）刻版　刻版前先用指尖蘸水少许，在样稿背后轻搓，把纸背的纤维搓掉，使画在样稿上的线条清晰得如同直接画在木板上一样，便可以镌刻了。另据民间艺人介绍，也可待粘在板上的样稿干燥以后，在样稿的背面涂上一层鸡油，稍待片刻就可以很轻松地将画稿揭去，而原来描在样稿纸上的墨线则清晰地留在木板上。然后用锋利的刻刀把版面上没有墨线的空白部分剔除，使版面上的墨线成为凸起向上的浮雕，即“凸版”。刊刻年画的工具多达20～30种，各有不同的功用，但最常用的仍是拳刀。刻版的基本手法与普通雕版相同，可以参见雕版印刷相关部分，这里不再赘述。

图3–14　杨柳青玉成号画庄未刻完的印版

（4）打空　用曲凿将版面上没有墨线的部分凿除掉。打空时，左手握住曲凿，使凿口对准要剔除的部分，右手用木槌在曲凿的后部敲击，

图 3–15　杨柳青玉成号画庄刻好的印版

使凿口向前移动，剔除无需保留的部分。大曲凿用于凿除大面积的空白部分；小曲凿用于修整精细的部位，还可以用来雕刻圆形的圈点。打空时应小心谨慎，不可用力过猛，更不能急于求成，若损坏已经刊刻好的线条，则需重新补刻。

（5）修版　对有谬误的地方，先用平凿将谬误之处凿去，然后再向下凿成一个上大下小的梯形凹槽，用一块与凿去部分相同大小的木块嵌入凹槽中，然后在嵌入的木板上刊刻出修正后的内容。

4．刷印

（1）固纸　固纸前先在某张纸的背面画上印版的位置，然后将这张纸放在其他待印纸张的最上面一起固定在印刷台上。固纸方法与套版印刷一章所述相同，即先将纸张的印面向下放在印刷台上，纸的右端放在印刷台中间空隙处的右边，用压纸杆将放在印刷台中间空隙右边的纸张的右端压住，压纸杆的两头用绳子拴紧，然后再将固定好的纸张翻到压纸杆的上面。

（2）对版　年画印刷的对版也采用传统的摸对法，即对版时用左手拉住背面画上印版位置的纸张，右手一边在纸下将印版前后左右移动，一边从纸背向下摸按，视纸背上凸出印痕与画于纸背的印版位置是否重合，若重合则印版的位置基本可以确定。

（3）粘版（固版）　由于年画的印版比较大，也比较重，如果不采用套色印刷则可以在印刷台上铺一块羊毛毡，将印版直接放在羊毛毡上就可进行印刷。对于需要固定的印版，则使用一种特制的粘版胶将印版粘在印刷台上。这种胶在常温下是硬的，但只要经手一捏就会变软，粘版时将捏软的胶放在印版四个边角的下面，对准位置后稍稍加压就可使印版固定在印刷台上。这种胶据说与黑膏药的制法相近，北京荣宝斋仍然有售，但具体制作方法不清楚。

（4）打刷子（刷墨）　即用刷子蘸墨在印版上刷色。刷子是棕制的，圆形，一般直径在10厘米以上，大的可以达到20厘米以上。画面大则所用的刷子也大，反之则小。

图3–16　杨柳青玉成号画庄使用的部分固纸、固版、刷印工具

杨柳青年画在印刷时，并不直接用刷子蘸墨，而是先用小棕把从盛墨的容器内把墨蘸到刷墨的盘子里，然后再用刷子在盘子里将墨打匀，然后刷到印版上。正式刷墨之前，先在版面上刷两遍清水，待印版吸水湿润后，再刷墨印刷。刷墨的要求是全版墨色均匀，凹陷处不存积墨，否则印出的纸张将浓淡不匀、洇漶不清。

（5）覆纸　杨柳青年画印刷用的纸张是固定在印刷台上的，所以在覆纸时需要一页页地将纸翻开后覆盖到印版上。具体操作是，用右手将固定在印刷台上的纸张的最上面一页揭起后交到左手，再由左手捏住纸张的一边，稍加用力地将纸张拉平并放到刷过颜色的印版上方约1厘米高处，准备擦印。

（6）走趟子（刷印）　左手将拉住的纸张稍加放松，右手持擦子在纸背自右向左将纸平整地压到印版上，然后再用擦子在纸背上擦印多次，使印版上的墨迹转印到纸张上，擦时用力要均匀，以保证雕版上每个部位的字或图案都能完整并清晰地转印下来。

图3–17　打刷子

（7）晾干　左手将印好的纸张从印版上揭起，双手配合将印好的纸张放到年画印刷台中间的缝隙处，使其自然下垂干燥。

5．矾墙

所谓矾墙，就是将印好墨线的年画，画面向下放在案板上，在其背面刷上一层胶矾水，趁湿贴在门子上。在纸张上刷胶矾水一是为了便于将年画粘贴到门子上，二是通过刷胶矾水将棉料等生宣处理成熟宣。由于手工敷色的操作工艺相当于中国画的工笔重彩，必须要在熟宣上进行，而原来印刷墨线时使用的是生宣，所以通过刷胶矾水这道工艺便可十分轻松地使生宣变成熟宣，有利下一步手工敷色的进行。

6．手工敷色（以脸部为例）

手工敷色是在门子上进行的，杨柳青年画的艺术特色之一就是手工敷色，木版年画经此处理之后，与手绘年画没有多少差别。由于脸部的敷色最为复杂，特将此工艺列出用以代表敷色工艺。

（1）烘染　为了表现面部的颜色的变化，先用赭色在面部渲染，方法是用一支毛笔蘸赭石，一支毛笔蘸清水，先用颜色笔在纸上染色，立即用清水笔推开。

（2）罩脸　在渲染和着色之后，为了使色调统一或补救一些不协调的部分，脸部常用淡赭石平涂一遍或两遍。

（3）打青头皮　用毛笔蘸花青，用染的方法在儿童头部没有头发的部分染色。

（4）点眼睛　先用白色颜料点出眼白，再用青色颜料在眼上部描一道青。对于画幅较大的画，则在点白后，在上半部再用青色染一遍。

（5）开绛眼　用浓墨在眼睛上画出眼皮与瞳仁。

（6）薄眼　用浓墨稍加水，画出瞳仁中除瞳孔以外的部分，以及下眼皮、眉毛、双眼皮。对于画幅较大的画，则在墨中加一点赭石，调成与真人瞳仁同样的颜色进行点染。

图 3–18　杨柳青年画成品《金鱼双美》

（7）打水瓣（做头发）　在头发浓密的地方用浓墨点染，稀疏的地方用笔蘸水与墨染。

（8）出像子　用赭石略加朱膘，将脸、手再勾描一遍。

（9）勾金　主要用于佛像等宗教画的勾金，用金粉在画上的适当部位勾描，以造成富丽堂皇的效果。

（10）训粉　用白粉在人物的脸上再涂一次。

7．下墙

将手工敷色后的木版手绘年画用竹刀（竹起子）从门子上揭取下来，将画边裁割整齐，便为成品。

三、桃花坞木版年画印刷技艺

（一）桃花坞木版年画源流

桃花坞木版年画是我国南方流传最广、影响最大的一种民间年画，因产于江苏苏州桃花坞而得名。桃花坞木版年画以其丰富的题材、儒雅的画面和清秀的色彩所显示的魅力而受到世人的欢迎，被称为“姑苏版”。桃花坞与天津杨柳青并称我国南北两大民间年画的中心，名声传遍大江南北，制品流布海内外。

图 3–19 《寿星图》

桃花坞木版年画是源于宋代的雕版绣像图绘印刷工艺，在继承明代金陵和徽派版画优良传统基础上发展而成的一种风格独特的民间艺术。从流传到国外的一幅据称是苏州年画佳品的《寿星图》上题有的“万历念五年仲秋吉旦”一行小字与作品构图、刻制、刷印、上色技术来看，至少在公元1597年，苏州木版年画的制作技艺就已经达到很高水平了。

清代雍正、乾隆年间，是桃花坞木版年画最为兴盛的时期，年画的质量与数量都空前提高。当时苏州有五十多家年画铺，分设在阊门外山塘街一带，也有部分设在桃花坞、报恩寺一带。年产量多时达百万张以上，少时也有十几万张，行销江苏、上海、浙江等处，远销湖北、河南、山东各地，并流传到国外。清代道光（1821～1850年）前期[①]，苏州的年画市场仍然是热闹非凡，据顾禄《清嘉录》记载："新年……城中圆妙观尤为游人所争集。卖画张者聚市于三清殿，乡人争买芒神、春牛图。"[②]从尚存的画版和印制品可知，清代前期的年画铺有"张星聚"、"张文聚"、"魏鸿泰"、"吕云林"、"陆福顺"、"墨香斋"、"春源"、"季祥吉"等，在画面上署名的画师有桃坞主人、桃溪主人、墨浪子、归来轩主人、宝绘轩主人、墨林居士、杏涛子等。太平天国（1851～1864年）末年，清兵围攻苏州，山塘、枫桥一带年画作坊所存的画版，几乎全部被烧成灰烬，只有几家迁入阊门桃花坞一带的年画铺幸免于难。

光绪年间，在桃花坞工作的画师吴友如、金蟾香、周梦蕉等人带着一部分刻印工人转到了上海旧校场创设画铺，其出品的年画风格虽然与桃花坞的相近，但画技、印刷、纸张都比桃花坞的更加讲究。而苏州桃花坞的年画铺，只能靠印刷老版片，刻印戏衣花版，制作商品装潢和销售灶君、纸马等维持生计[③]。

清代末期，用铜版纸胶版彩色精印配有民间年画与月历节气的"月份牌"作为外国资本家倾销商品的广告宣传物受到中国民众的喜爱，尤其是商家在每年春节前大量发行赠送顾客"月份牌"的行为，使传统的桃花坞年画逐渐失去了原有的市场。开设于苏州桃花坞与上海旧校场的一些苏州桃花坞年画作坊，多半靠上代留传下来的一些老版片印一些门神、灶君、财神、花纸等来维持生活，或者翻刻上海旧校场的画来维持经营，甚至代销

①根据顾承为《清嘉录》所作序"是为叙。道光十年（1830年）六月朔日，宛山老人承书"推算，顾禄撰《清嘉录》应在此之前，故用"道光前期"。

②清·顾禄：《清嘉录》，上海古籍出版社，1986年。

③徐艺乙：《身边的艺术》，山东画报出版社，2001年。

石印洋画。

到了抗日战争前，苏州桃花坞的画铺仅剩下王荣兴、鸿云间和吴锦增等三家。在抗战中，吴锦增画铺因画版被日军所毁而倒闭，后虽又有朱荣记、朱瑞记两家画铺开张，但也只是翻刻一些神像、商品装潢和冥币之类，并无创新之作，桃花坞木版年画濒于人亡艺绝的境地。

中华人民共和国成立之后，党和政府组织人力整理刷印了200种较有代表性的各类画样，为苏州桃花坞传统木版年画保存了一部完整的资料，后又组织艺人恢复生产，配备专业画师，招收徒工，成立了“苏州桃花坞木版年画社”，在桃花坞木版年画整旧创新方面取得了很大进展。

（二）桃花坞木版年画的风格与题材

桃花坞木版年画在漫长的历史沿革中不断汲取多种营养，逐步形成了自己鲜明的艺术特色和文化特征，在不同的历史时期，其艺术风格的表现也多有差异。

早期的桃花坞年画受宋代院体画以及宋元以来的界画和文人画影响较大。例如从现存海外的清乾隆时期《岁朝图》来看，其楼台亭阁采用“真山水之川谷，远望之以取其势，近看之以取其质……”的精确观察写实的方法，达到“可游”甚至“可居”的实境，且非常讲究用笔构图，设色秾丽而精于雕饰，具有“笔格遒

图3–20　《岁朝图》

劲”、“着色严谨”所形成的“体格高雅，彩绘清润”之审美特征，富含院体画的典型特征。同时又具有比例真实，一丝不苟，以尺作界，线条平直的界画风格。在人物造型上，则多用“踏雪寻梅”、“临窗小酌”等，情景表现重神轻形，讲究情趣和品位，借风景抒发心情和个人怀抱，富有明显的文人画特点。如另一幅清代中期的《放鹤图》，不仅是一幅集院体画、界画和文人画特征于一体的代表作，而且在技法上还吸取了徽派、金陵派的雕版套色技术。

雍正、乾隆年间，苏州桃花坞年画吸收了西洋铜版画的新技巧，将焦点透视与明暗技法引入年画创作之中，产生了一批中西技法合璧的艺术作品，如清乾隆时期的《灵台同乐图》、《姑苏名园狮子林图》、《全本西厢记图》等。有的还特意在画面上题明“法泰西笔法”、“仿泰西笔法”、“仿泰西笔意”。这类作品除画面构图采用焦点透视外，还用明暗来表现衣纹、树石、房屋、动物的羽毛等，可明显看出中西技法在交流初期融

图 3–21　《放鹤图》

图 3–22 《灵台同乐图》

合不佳的时代特征。但乾隆以后，这样中西技法混合的作品已不多见，传统技法又成为主流。

乾隆后期，也许是受四大徽班进京后引发的戏曲热潮的影响，桃花坞木版年画中出现了一类表现戏曲人物故事的作品，如《东平府》、《赵家楼》、《快活岭》、《叭蜡庙》等。这些年画与早期的作品相比，画面构图简练大方，色彩明快艳丽，基本上将戏曲人物的脸谱、衣着、形态等表现得淋漓尽致，为桃花坞木版年画增添了一种新的艺术特色并对其他题材的作品产生了较为深远的影响。

鸦片战争以后，由于印刷精美的石印年画和胶印年画大量发行，桃花坞年画的销售重点被迫转向农村。为了迎合广大农民的需求，除了在题材方面增加了不少反映农村生活及与农事有关的内容外，画面也变得更为鲜艳明快，丰满热闹，更富有装饰性、夸张性和节奏感，其艺术风格与劳动者更为贴近，因而受到广大农民的欢迎。

桃花坞木版年画的题材很广，无论是时事民俗、民间故事、戏曲神话，还是士农工商、财神菩萨、美人娃娃、山水亭园，都可作为创作题材。通过巧画妙绘，将充满浓厚生活气息的画面表现得富丽堂皇。从现存桃花坞木版年画来看，桃花坞木版年画的题材主要有如下几类：

（1）祈福迎祥类，如《天官赐福》、《龙凤呈祥》、《一团和气》、《花开富贵》、《麒麟送子》、《福字财神》、《福寿双全》、《八仙庆寿》、《和气致祥》、《万宝祥瑞》、《三星图》、《三神图》、《众神图》、《张仙射天狗》等。此类年画通常采用大至四尺的直幅“中堂”形式。

图 3–23 《赵家楼》

（2）驱凶避邪类，如《姜太公》、《张天师》、《关公》、《钟馗》、《门神》、《灶君》、《金鸡报晓》、《鸡王镇宅》、《逼鼠蚕猫》等。这类题材的年画若贴于门上则用“门画”形式，成对出现，如门神中的《神荼》《郁垒》、《秦叔宝》《尉迟恭》；若挂在中庭则用“中堂”形式。

(3) 时事风俗类，如《法人求和》、《苏州火车开往吴淞》、《刘军克复宣泰大获全胜》、《春牛图》、《十美踢球图》、《姑苏报恩寺进香》、《姑苏玄妙观》、《洋灯美人》、《合家欢》、《黄猫衔鼠》等。这类年画通常采用横幅形式，横幅中最大的有三张一套的“全景床帏”，最小的是五寸左右的“灯面”。

(4) 戏曲故事类，如《赵家楼》、《东平府》、《景阳冈武松打虎》、《武松血溅鸳鸯楼》、《快活岭》、《叭蜡庙》、《定军山》、《空城记》、《穆桂英大破天门阵》、《西厢记》、《白蛇传》、《三笑姻缘》、《唐伯虎点秋香》、《金枪传杨家将后本》、《岳武穆精忠报国后图》等。这类年画通常也采用横幅形式。

（三）桃花坞木版年画制作技艺

桃花坞木版年画的制作技艺主要是由画稿、刻版、印刷工艺组合而成。

1．画稿

画稿设计应充分体现桃花坞年画的艺术风格。通常先由画师设计出黑

图 3–24　年画创作

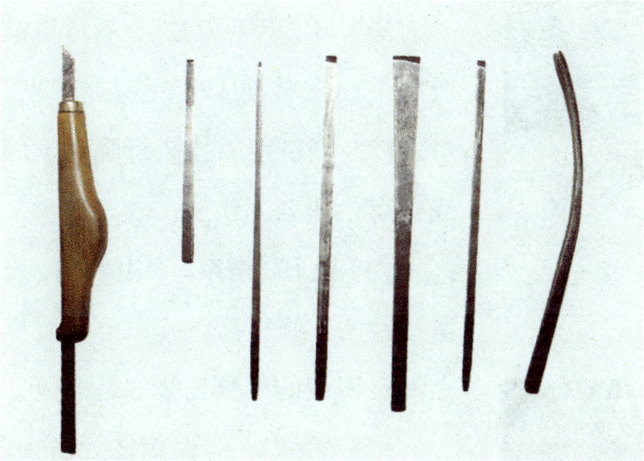

图 3–25　刻版工具

白稿，感觉满意后进一步加工成单色或多色套印效果图。对需要多色套印的画稿，画师们要根据套色分版的要求绘制出多张单色画稿，以供刻工刻制分色套印色版。如桃花坞木版年画中著名题材《花开富贵》就是由六块版套印而成的。因此在设计时，就先要将整幅画分成六块套印版，每版一种颜色，版与版之间要密切配合，纤毫不乱。画稿要求构图丰实饱满，形象或栩栩如生或夸张生动，色彩或清雅恬静或鲜艳明快，笔法或细如毛发或拙朴简练……将桃花坞木版年画特有的风格充分体现了出来。

2．刻版

刻版工序又分为板材处理、上样、刻版、敲底（剔空）和修改五部分，其刻版工具主要有拳刀、斜口刀、平口刀，敲底（剔空）工具主要有弯凿、扁凿、针凿、修根凿、扦凿等。

（1）版材处理　桃花坞木版年画一般选用梨木和枣木作为雕版材料，它们都具有木质坚硬细匀、不易翘裂伸缩等特点。先用锯子锯成厚度合适的木板，经干燥、拼接之后，就成为一块大木板。然后先用粗刨将木板刨平，再用细刨将木板刨光，最后将木板表面细细打磨平滑就可以上样了。

（2）上样　在表面打磨光滑的木板上刷一层稀糨糊，将画稿正面向下粘贴在梨木板上。如果是单色画稿，只需粘贴一次。如果是多色画稿，则需要将不同的套色画稿分别粘贴在不同的木板上。

（3）刻版　桃花坞木版年画刻版技法的独特之处在于，刻工们通过“正

图 3–26　正手刀法

图 3–27　反手刀法

图 3–28　敲底（剔空）

手刀法”与“反手刀法”，不需将雕版在平面上转动 180 度就能用发、衬、挑、复、剔的技法将画稿上的线、点、块划刻出来。

（4）敲底（剔空）　用弯凿、扁凿、针凿、修根凿、扦凿等将版面上没有墨线的部分凿掉。

（5）修改　对误刻之处凿去，嵌入木块后重新雕刻。具体技法可参考雕版印刷部分的相关内容。

3．印刷

（1）颜料　鸦片战争之前，印刷用墨一般选用上等松烟与植物胶混合均匀后发酵一段时间制作而成。套色颜料一般选用胭脂、藤黄、蓝靛、石青、朱膘等植物与矿物颜料，加入一定的植物胶配制而成，与国画家们使用的国画颜料基本相同，具有颜色经久不褪的特点。鸦片战争之后，由于年画销售市场从城市转向农村，加上经济萧条的影响，为了降低年画成本，印刷用墨则用锅灰、烟囱灰、骨胶等价格低廉的原材料制作而成，有时也直接购买价格低廉的进口炭黑加工制作。套色颜料则一般选用洋红、品绿等价格低廉的人工合成染料，用热水冲化后再加入一定量的骨胶配制而成。这种颜料虽然颜色比较鲜艳，但却不耐久，风吹日晒时间一长，则出现明显的褪色现象。如今，印刷用墨一般选用市售成品墨汁，套色使用的颜料一般选用国画颜料。

（2）纸张　鸦片战争之前，主要选用质地坚韧、厚薄适中、表面平滑的用传统工艺制作的皮纸或竹纸等。鸦片战争之后，一般选用机制纸。当代则主要选用宣纸与书画纸等。

（3）工具　印刷桃花坞木版年画使用的印刷台、刷色用的刷子、刷印的棕把等与杨柳青年画使用的基本相同。

（4）上料　将印刷纸张固定在印刷台上称为上料。由于桃花坞木版年画通常需要使用分版分色、一版一色、多次套印的特殊技艺，为了能够保证准确套印，因此一定要保证纸张被压紧后不能在印刷中发生移动。

（5）摸版　用手工将印版放置在合适的位置上，保证套色准确。

（6）固版　用胶、钉子等均可。

（7）刷印　桃花坞木版年画通常是由多块色版套色印刷而成，在刷印时通常先印墨线版，这样整幅年画的框架与位置就能确定，接下来再用不同的印版进行套印，少则二三次，如《钟馗》是用墨线版、浅红版与深红版三块版套印而成；多则五六次，如《花开富贵》就需用六块色版分别套印六次才得以完成。桃花坞木版年画在套色上与饾版印刷最大的不同是，无论套色版颜色如何，刷色时都是均匀平涂，不分浓淡；相似之处在于同一位置可以用两种颜色套叠造成复色，以丰富色彩的变化。

图 3–29　刷印

在套色印刷过程中需要注意的事项主要如下：其一，左手拉纸覆在印版上的力量要尽量保持一致，不能时大时小，否则将会不可避免地造成套印不准的问题。其二，在一色套印完之后，为了防止纸张因吸入套印颜色中的水分而出现尺寸大小的变化，可在经过印刷的纸之间每隔七八张或十多张纸夹一张干燥的纸将多余的水分吸除。其三，在刷色或摩擦纸背擦印时，要防止触动印版，如果印版因触动或其他原因发生了移动，则一定要及时通过摸版重新进行校正，并加以固定。

图 3–30　用三块色版套印的《钟馗》

图 3–31　用六块色版套印的《花开富贵》

四、杨家埠木版年画印刷技艺

（一）杨家埠木版年画源流

杨家埠木版年画是我国著名的三大木版年画之一，距今已有500多年的历史。清康熙至乾隆年间，杨家埠曾一度出现“画店百家，画种过千，画版上万”的盛景，产品销往山东、东北地区及其周边省份，与天津的杨柳青、苏州的桃花坞并称为全国三大木版年画产地，在我国年画发展史上占有重要地位。

杨家埠年画在构图上追求完整、饱满、匀称；在造型上追求夸张、粗壮、朴实；在线条运用上追求简练、挺拔、流畅，极富装饰性和浓郁的生活气息；在画面上追求红火、热闹、活泼；在内容上取材非常广泛，戏曲故事、人物、仕女、风景名胜、社会风俗人情等皆可入画；在创作形式上可适应不同环境装饰的需要；在色彩上，一般运用高纯度的颜色，如红、黄、蓝等，色调鲜明，对比强烈。

据中国潍坊杨家埠村志编纂委员会编写的《杨家埠村志》中记载，明洪武初年，“杨氏在先人的熏陶下，定居潍县，发挥其才能，按照山东的民俗，创造了自己的艺术品——木版年画”①。这是目前杨家埠木版年画源于明代的一种说法。杨家埠木版年画源于明代的物证是现存的“同顺堂”画店《三代宗亲》画版。该版“男祖像”的清代“顶子帽”显然是通过挖补改版而成，版上原刻明代“乌纱帽”的痕迹尚存。另据“同顺堂”是明代经营年画业的大户，“长支杨维生继承祖业‘同顺堂’画店，次支杨维乙另立‘太和’画店，三支杨维掌又立‘德盛’画店。三个画店各自在画版上刻上自己的堂号为记”②，而现存《三代宗亲》画版上既未刻有堂号，也无销去堂号的痕迹，按理应为“同顺堂”画店分居之前所刻。由此可见，杨家埠木版年画在明代已经初具规模，且能生产精美的木版年画作品。

明末崇祯年间，辽东战事越发激烈，政府加派的“辽饷”、“练饷”、“剿饷”，逼得全国农民无法维持最基本的生计，纷纷造反，一些从事年画制作的艺人或停止营业或流亡他乡，杨家埠木版年画业也因此受到影响，停滞不前。

①中国潍坊杨家埠村志编纂委员会编：《杨家埠村志》，齐鲁书社，1993年。
②张殿英：《杨家埠木版年画》，人民美术出版社，1990年。

清代前期，杨家埠木版年画随着经济的发展与文化的繁荣进入飞速发展时期。清康熙至乾隆初期，西杨家埠村已有“公茂”、“万顺”、“德盛恒”、“广盛太”等画店30余家。年画品种空前增加，年画的题材范围不断扩大，小说戏文、神话传说、山水花卉、祥禽瑞兽、人情世态、世事百相等，几乎无所不包，在形式和内容上与当时人们的生活更加贴近。尤其在乾隆时期，说唱文学和地方戏曲得到普及，一些年画店就将广大人民喜闻乐见的历史故事、小说、戏曲、戏文等改编成木版年画，出现了《渭水河》、《白蛇传》、《空城计》等。此外，年画形式也有了分类，如门画分“文门神”、“武门神”、“单座”、“房门画”，炕头画分为“横披”、“竖披”、“方贡笺”、“毛方子”，还有“窗顶”、“窗旁”、“月光”、“中堂”、“条屏”、“裱屏”等。康乾年间还是杨家埠木版年画的变革时期。在版刻风格上，一改过去的工丽缜密，向着简率奇巧的方向发展。构图更加灵活，色彩更加鲜艳，线条更加流畅，画面更加生动。在刷印技术上，一改过去小画案印画为大画案印画。在制作技艺上，也一改过去的单纯印刷，向着印绘结合的方向发展，如“毛方子”印完

图3–32　清代《洞箫横吹》手绘。引自《潍坊民间孤本年画》

后再加手绘“烘脸”，门画中的“站童子”与“美人条”印完后再施以“粉脸”、“做头”、“打相子”、“钩道子”等，使画面的人物形象更加娇嫩、俊美、悦目，满足了当时人们的审美需求。全手绘年画也在这个时代出现，例如同样是《文财神》题材的年画，就有半印半绘与全手绘之分，这些半印半绘与全手绘年画的出现大大提高了杨家埠木版年画的质量。

道光年间，杨家埠的画店遍布省内各个州县，在省外也开设了“关东庄”、“武汉庄”、“河南庄”、“山西庄”等。有些年画销量较大的画庄，还让绘稿艺人、刻版工匠在当地体验生活，绘刻画版，雇佣当地工人印刷销售。

光绪年间是杨家埠年画销售的鼎盛时期，每年用纸两万令，印画5000万张，最多时年产销7000万张以上，有“画店百家，画种上千，画版数万”之说。除满足当地民间需要外，还远销江苏、安徽、山西、河南、东北三省和内蒙古等地，以品种多、规模大、销售范围广而著称于世，成为名噪一时的中国民间三大年画市场之一。当年著名的画铺有“永盛”、“公茂”、

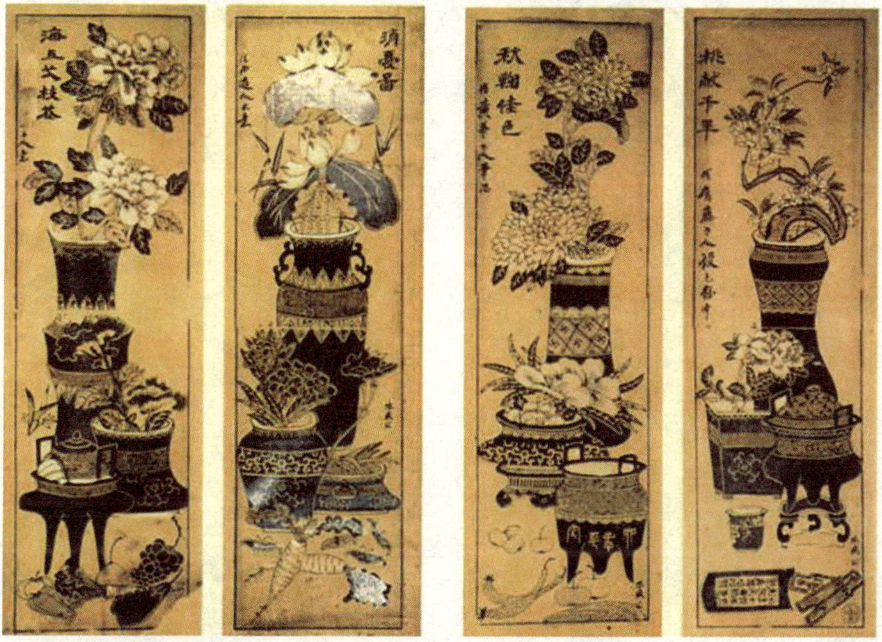

图3–33　墨货《博古四条屏》。引自《潍坊民间孤本年画》

图 3–34 《文财神》（清代）半印半绘。引自《潍坊民间孤本年画》

图 3–35 《文财神》（清代）全手绘。引自《潍坊民间孤本年画》

“吉兴”、“广盛太”、“万顺”、“万盛”、“德盛”、“义和”、“万增”等百余家，其中以永盛画铺规模最大。

清代末期，杨家埠木版年画为了与众多的竞争者争夺市场， 在一些方面进行了变革。如“东大顺”画店先后请刘明杰、杨毓珂、杨万东等民间艺人，进行了年画革新，生产实用木版制品，有地图、月饼笺、秤头歌、花纸等，同时又将文人画的情趣引入杨家埠年画，创作了《博古四条屏》、《四季花卉》、《山水四幅屏》等。这些年画吸收了中国画的笔墨情趣，用浓淡不同的墨色分为几个层次印制出古朴典雅的“墨货”，一年四季均能销售。

五四运动后，杨家埠木版年画生产维持了较短时间的繁荣，后终因战乱由盛转衰。抗日战争初期，年画生产曾一度上升，后因兵祸灾荒，年画生产被迫中断。解放战争时期，年画虽有生产但从业者甚少。

中华人民共和国成立以后，因战乱而一度萧条的杨家埠木版年画枯木逢春，重新焕发了生机。1952 年，杨家埠木版年画印制了 780 万张。1979 年，潍县县政府成立了杨家埠木版年画研究所，在杨家埠木版年画的挖掘整理、研究创新、保护老版等方面做了大量的工作，珍藏了明、清、民国以来各个历史时期最具代表性的古画版多套，其中一套明代中期的老版最为珍贵。1983年春节，中国美术馆展出杨家埠年画。同年，杨家埠年画赴美洲、欧洲、非洲的9个国家巡回展览。1987年，民间艺人杨福元应邀到新加坡作木版年画的画、刻、印表演。20世纪90年代，一批杨家埠年画艺人先后前往巴西、日本等国家作现场表演，深受好评。2002年，具有200年历史的"同顺德"画店的正宗传人、76岁的年画民间艺人杨洛书被联合国教科文组织授予"民间工艺美术大师"荣誉称号。

（二）杨家埠木版年画制作技艺

杨家埠木版年画的制作技艺主要是由朽稿画样、雕刻画版、上案印刷、烘货点胭、裁切和装裱工艺组合而成。

1．朽稿画样

"朽稿"是指民间艺人们经过构思之后，用柳枝木炭条、香灰绘出草稿的操作技艺。"画样"是在朽稿基础上几经修改满意后再经过勾勒墨线和设色后完成正稿的操作技艺。杨家埠木版年画的创作如同其他传统绘画创作一样，通常要经过立意、选材、构图、朽稿和画样五个过程。

（1）立意　即确定画什么主题。无论是画历史故事、戏曲人物、楼台亭阁还是美人儿童，都要求艺人对准备入画的历史故事、戏曲人物、环境建筑、人物特征等有比较深入的了解，有比较细致的观察，同时还需要对社会的流行趋势和群众的审美情趣有所了解，这样创作出来的画才能比较符合多数民众的心愿，迎合社会风俗。

（2）选材　喜庆吉祥永远是杨家埠年画与其他地方年画最重要的题材。在选择和处理题材时，要求选择最能体现主题的事物、景观或人物等，然后对其进行提炼加工，夸张变形，使其文图结合，主题明确，寓形于意，适合环境，成为一种广大群众喜闻乐见的艺术形象。用画作为一种语言来表达广大民众熟悉的表现内容，用内容与故事来调控整个画面，充分体现出年画“画中有话”的特点。

（3）构图　以最能体现主题的事物、景观或人物等为中心，确定画中的主宾关系，按照散点透视的美学法则，在一个平面上经营场景配置，组成灵活、多变、饱满的构图与年画特有的画面气氛等，这是杨家埠年画的风格，也是其他地方年画的主要特点之一。另外，在构图时还要注意画面中垂直线和弧线的对比，线条的疏密布局和节奏感等。

（4）朽稿　用朽笔（柳枝木炭条、香灰）在稿纸上勾出年画初稿，经反复修改后再用毛笔蘸墨勾描墨线。

（5）画样　在朽稿基础上进行精加工，使所勾线条遒劲有力、挺拔流畅、细而不弱、粗而不野，画面工整细致、设色明快亮丽、套印分版合理等。经精加工后的画稿称为正稿，也叫画样。

2．雕刻画版

（1）选材　刻制墨线版与套色版的木材一般选用材质坚硬、质地细腻、耐磨性好、入水不易变形、不戗丝、易雕刻的梨木。为防虫蛀和变形，梨木通常需要放在水中沤上月余，然后锯成3厘米厚左右的木板，经阴干

图3–36　清代《刘海戏金蟾》手绘线稿。引自《潍坊民间孤本年画》

后拼接、刨平、磨光即可使用。刻制精细部分的木材一般选用材质非常细腻的黄杨木。

（2）勾描　将透明度较高的薄纸蒙盖在画样上，用毛笔蘸墨勾描出镌刻用的线稿。

（3）上版　将勾描好的线稿用稀米糊反贴在画版上，晾干。

（4）雕版　杨家埠年画艺人用于雕版的工具主要有立刀、裁刀、挖刀、剔刀、拉钻、界尺、毛刷、锯子等。立刀包括刀条、刀柄两部分。刀条薄且有韧性，有很多是用旧的钟表发条磨制而成的。刀口为斜刃，刀尖较长，中间凹，后部突起。雕版时用刀尖刻线，用后部突起剔出割下的木屑。刀柄形状如同木鱼，上背部有一道比与刀条厚度稍宽的沟槽，用于嵌入刀条。刀条嵌入刀柄上背部的沟槽后，用铜匝与木楔镶牢，便可使用。裁刀形如平口的凿子，刃口宽2毫米至3毫米，刀身长12厘米左右。裁线时左手握住刀的中部，右手拿锤子击打刀顶，沿着用立刀刻出的线垂直向下顺打一遍。挖刀形如半圆形凿子，刀口呈圆弧形，刀柄为圆形铁棒，总长为20厘米左右，主要用于挖版剔空。剔空时左手握住刀身中部，右手持锤子击打刀柄之顶，挖出无用部分。剔刀形如平口凿子，大小不一，用法如挖刀。拉钻，有大小不同的钻头，用于钻雕圆形，也可用于拼接木板时引眼。

杨家埠年画艺人们雕版的基本方法是反正刀与开心法。“反正刀”是指在刻版时先用立刀在墨线外2～3毫米处向内倾斜反刻一刀后，再用立刀沿墨线向外倾斜顺刻一刀，随后用立刀根部一角剔出刻下的木屑。“开心法”是指从内向外、从重点到次要部位的雕刻顺序。如刻人物时，先刻头部，再刻手足、身躯。刻头部时先眼睛后鼻子、嘴和眉毛，最后是头发、胡须等。这样可以照顾重点，防止大的失误。

为了使画版经久耐用，杨家埠艺人在线条刻出后，还要裁线，即用裁刀沿立刀刻好的线条，垂直向下顺打一遍，一般深为2毫米至3毫米。裁线太浅没有实际意义，但太深则会使细线剥离，甚至断线致残。裁线完后还要剔空打版，先用挖刀剔出大的空间，再用大小不等的平刀打平，并剔出挖刀不能剔出的细小部分。线版刻完，印刷几张线稿，对照画样分出色版后，再刻色版。色版又叫台子版，一张年画通常需要五到六块套版，每种套版刷印一种颜色。

3．上案印刷

手工印刷一般要经过调色、夹纸、对版、印画、晾画等工序。

（1）调色　杨家埠年画使用的颜料主要有黑、红、绿、黄、紫等，多为天然植物、矿物颜料。这些颜料通常由年画店艺人自制或者购于专门经营颜料的店铺，其色彩浓度需根据不同种类的年画特点而自行调配。如神像画，就使用较为厚重的色彩，使画面显得庄重；若为美人儿童画，就将色彩调得稍淡，使人物显得更加秀美清丽。

（2）夹纸　将纸张固定在印画的案子上，方法与其他年画方法相同。

（3）对版　首先印制线版，然后以线版为基准将待印的彩色套版对准位置。

（4）印画　刷印要在专门的印画案子上完成。印画的工具主要有刷子、趟子、拈子等。刷子一般是棕制的，高20厘米，直径15厘米，主要是刷色用。趟子是上面装木把的棕制平板擦，一般长35厘米，

图3–37　清代《梁祝化蝶》木版套印。引自《潍坊民间孤本年画》

宽15厘米，主要是用来擦压覆在印版上纸的背面，使颜色从印版转印到纸上。拈子放在颜色盘中，用来调节颜料的干湿和浆力的大小。另外还有盛装颜料的色盘、色盆等工具。为了保证多次套印准确，不仅对版要准，而且每张画在印刷时左手拉纸的力量与右手走趟子的力量也要基本相同。例如选自《潍坊民间孤本年画》的《梁祝化蝶》，是一幅比较有代表性的清代杨家埠套色印刷木版年画，从画面上分析可知这幅画应该是由一块黑色的线版与红、黄、绿、紫、赭五块色版套印而成，未再经过人工染色处理。

(5) 晾画　年画印好之后，放在室内的晾画架上晾干。

4．烘货点胭

年画印好后，有的还需要用手工简单描绘填补颜色，使画面显得自然

图3–38　《灶王》烘货点胭。引自《潍坊民间孤本年画》

生动，以求悦目。粗货只烘脸，即只烘染腮红，如《灶王》就是在木版套印后又手工烘染腮红。而细货则需要在套印或仅印出墨线之后，用画笔进行皴、染、点、描，为画面的人物粉脸、做头、画衣服与背景，使年画显得更加生动自然，颜色也更为亮丽，如《麒麟送子》就是一幅先套印又手工填彩的半印半绘作品。

5. 裁切

将经过印刷与烘货点胭的年画裁切方正。

6. 装裱

对裁切好的年画可根据需要进行装裱。

图 3-39 《麒麟送子》半印半绘。引自《潍坊民间孤本年画》

五、朱仙镇木版年画印刷技艺

（一）朱仙镇木版年画源流

朱仙镇木版年画为我国民间木版印刷年画之开端。它历史悠久，流传地域广泛，曾影响带动了中原、江南、西北等广大地区民间木版年画的发展和繁荣，在我国民间艺术史上占据重要地位。

朱仙镇木版年画，构图饱满，左右对称；线条粗犷，粗细相间；形象夸张，幽默稚拙；色彩浓艳，乡土气息浓重。这种大体在明清时代重新确立的中国民间艺术风味与传统文化风格，带有北方粗犷的乡土气息特色。

鲁迅先生曾评曰："朱仙镇木版年画，朴实不染脂粉，人物无媚态，色彩浓重，很有乡土味，具有北方年画独有的特色。"

朱仙镇木版年画的题材较为广泛。大致可分为驱鬼避邪类，天地神祇类，求禄、求子、祈福迎祥类，戏文故事类，神话传说类等，与其他地区年画的取材内容基本相同。

由于早期史料的缺乏，目前多认为朱仙镇木版年画创始于北宋，源头可以追溯到北宋年间的东京汴梁（开封）。孟元老《东京梦华录》中就有诸如"近岁节，市井皆印卖门神、钟馗、桃板、桃符及财门、钝驴、回头鹿马、天行帖子"、"朱雀门外及州桥之西，谓之果子行，纸画儿亦在彼处，行贩不绝"、"朱雀门西大街相对梁家珠子铺。余皆卖时行纸画花果铺席"、"御街游人嬉集，观者如织，卖扑土木粉捏小像儿并纸画，看人携归，以为献遗"①的记载。由此来看，当时东京汴梁制作与贩卖年画的店铺颇多，生意十分红火。

靖康元年（1126年）十二月，宋钦宗在金兵的强大攻击下正式投降，北宋灭亡。靖康二年（1127年）四月初一，金兵撤军北去，开封及附近州县惨遭浩劫，原开封城里的木版年画艺人和作坊一部分被迫转移到了山西平阳（今临汾），一部分留在开封以及附近州县，还有一些流散到了江南和其他地方。

金元两朝，由于统治者重武力、轻文化，原开封地区的木版年画艺人和作坊继续四方流散。元顺帝至正十一年（1351年），工部尚书、总治河防使贾鲁征集十多万民工、军士疏通宋代蔡河故道，使河水从朱仙镇穿通而过。水路的疏通，使朱仙镇逐渐发展成为繁荣的商埠，一些木版年画艺人相继在此安家，刻印销售木版年画，朱仙镇木版年画自此蓬勃发展起来。

从明代中期至清代嘉庆的300多年间，朱仙镇凭借贾鲁河，北接黄河，

①宋·孟元老：《东京梦华录》。

图 3–40　《天地三界》。引自张继中《朱仙镇木版年画珍藏版》

南连淮河，交通航运贯通南北。河中舟楫如林，镇内商号林立，作坊云集，百业兴旺。经济的繁荣，促进了文化的蓬勃发展，朱仙镇木版年画也在这一时期达到鼎盛。民国时期李步青、廉方撰著《岳飞与朱仙镇》一书中记载："红纸、门神系旧时过新年之消用物，为镇中最著名之特产。往昔盛时（指明末清初），业此者达三百余家，出口盛销临近各省，大有独占市场之势。"①

清代中叶以后，黄河频泛，朱仙镇屡遭侵袭，以道光二十三年（1843年）损失最为惨重。昔日繁荣的东镇闹市，迫于地势低洼，大部迁移西镇。清朝末年，特别是咸丰以后，穿流朱仙镇的贾鲁河因年久失修，河床淤塞，

图 3-41　朱仙镇木版年画社

①转引自李晓景：《朱仙镇木版年画的传承与发展述略》，《开封教育学院学报》，2004 年第 24 卷第 2 期。

水流不畅，航运受阻。加之京汉、陇海铁路相继建成通车，原先交通航运贯通南北的朱仙镇，逐渐从繁荣走向衰落，年画业也因此受到严重影响。其后在石印与胶印“月份牌”的冲击下，朱仙镇木版年画的销售市场逐渐缩小，年画业也逐渐走向衰落。民国初期，军阀混战，艺人流离失所，逃往他乡。抗战时期，日军占领开封，朱仙镇百业凋敝，年画业随之衰落，大批年画艺人为生活所迫，纷纷返乡务农，年画商号相继倒闭破产。

图 3–42　制色室

中华人民共和国成立以后，朱仙镇木版年画重新受到多方面的重视。党的十届三中全会后，在朱仙镇人民政府与开封市旅游局的共同努力下，于1986年建立了朱仙镇木版年画社，成为朱仙镇木版年画传承与发展的一个专业性机构，并先后在朱仙镇木版年画的收集、挖掘、整理、出版、发行、创新等方面做了大量的工作。在物质文化日益丰富的今天，人们的审美情趣、思想观念、精神文化的需求越来越高，朱仙镇木版年画这种独具特色的民间艺术形式受到了越来越多的青睐。2002年10月朱仙镇被中国民间文艺家协会授予“中国民间文艺木版年画艺术之乡”称号，2005年朱仙镇木版年画成功入选国家首批非物质文化遗产名录。

（二）朱仙镇木版年画制作技艺

朱仙镇木版年画的工艺流程主要有：制版、制颜料、选纸、画稿、刻版、刷印、晾画。

1．制版

即准备刻制年画用的木板。最好是选用质地细腻的黄杨木，通常采用枣木和梨木。一般锯成一寸厚的木板，画幅大者酌情加厚。晾干后根据画面大小用铁钉拼合成整幅版面的大小。版面刨平后涂一遍香油，再以开水冲洗四五次，使木质松软，以防走样和伸缩变形。

2．制颜料

朱仙镇木版年画的颜色制作非常讲究，原料多取自天然植物、中药材和部分矿物质，经过复杂的工序，精心炮制而成。印在以白纸为衬底的年画上，颜色纯正、色泽鲜亮、沉稳古朴，贴在黑漆大门上，显得鲜明而亮丽，庄重而美观，且具有不脱色、不褪色、防虫防腐、耐晒耐放、一年之中常看常新的特点。朱仙镇木版年画几种常用颜色的制作方法大致如下：

墨黑色：主要用于印制木版年画的轮廓线。明清以前民间主要采用煤黑，也叫锅底黑，价格低廉。也有采用烟臭为原料，加入一些具有防腐作用的辛香类中药（如冰片）等，然后用适量的皮胶和水研磨掺配而成。用此方法制成的墨通常需要静置一年半载后才能使用。现在使用的是市售成品墨汁。

槐黄色：采用未开花的槐树的槐米（槐子）为原料制作而成。颜色暗黄，近似金黄，是一种主要的颜色。槐黄既可单独使用，又可用来配制绿色。

丹红色：以广丹（铅丹，化学式：Pb_3O_4）作原料，加水研磨成细末后兑入皮胶制作而成，颜色类似橘红。

苏木红色：苏木是一种木材，木质坚硬，纹理细腻，色泽深红。其制

图 3–43　制好的颜料

作方法是将苏木块刨成刨花，放到水中，加入石灰等22种材料熬制而成[①]，澄出的水为鲜艳的红色。

葵紫色：用紫向日葵子为原料，先把紫向日葵子放入锅内加水和其他材料煎煮，然后加入皮胶调制而成。朱仙镇木版年画中的文官多用紫色，以此表现人物的干练与有谋略。

铜绿色：应该是用传统中国画颜料中的石青、石绿研细后加胶制成。也有人认为是以铜钱、铜粉为原料，加入米醋或硫黄，使其形成铜锈，然后将铜锈细磨成粉，再加入一些其他药材煎煮后加胶水调制而成[②]。

金色：用黄铜粉加胶制作而成。印刷用的金粉是以中药材墨鱼骨粉[③]、

---

①周东海：《论朱仙镇木版年画的色彩表现》，《河南大学学报》（社会科学版），2002年7月，第42卷第4期；张继中：《朱仙镇木版年画珍藏版》，大象出版社，2005年。

②周东海：《论朱仙镇木版年画的色彩表现》，《河南大学学报》（社会科学版），2002年7月，第42卷第4期。

③周东海在《论朱仙镇木版年画的色彩表现》中认为是“木鱼骨粉”，笔者则认为应该是“墨鱼骨粉”，即中药海螵蛸的粉末。

黄铜粉或金粉、泥金混合掺配制成的。撒金是用黄铜或铝制成的金箔碎片装在筒顶有若干细孔的纸或铁筒内，用时摇动纸或铁筒将金箔片从筒顶部细孔中漏出撒在画面上，形成金光闪烁的效果。

此外，在朱仙镇年画颜色的制作中，还采用了加冰糖、点卤等方法。因为冰糖可使年画颜色有晶莹闪光之感，白矾能使色彩明亮、颜色起沫，这样的色彩印在纸上，有厚重起眼的视觉效果[①]。

朱仙镇木版年画颜色的选料与制作工艺，各年画作坊、商号都有一套办法，由艺人们根据自己的经验加以调制。如在调制颜料加水时，不同颜料的加水量各不相同，只有这样才能做到颜色鲜明浓淡相宜；在颜料中加胶时，一般是冷天宜少，热天宜多，才能使色彩厚重起眼且黏结牢固。

3．选纸

门神画用纸多取用民间手工制作的粉帘纸、毛边纸、黄丹纸、宣纸等。总之，要求纸质绵软柔和，吸水性强，不易磨损。规格有大毛（一开）、二毛（半开）、中台（四开）、扯手（八开）、条子（多余的小条子）等。分尺寸大小，均以每200张为“一块”（每次印刷同色同版纸张的厚度）。

4．画稿

朱仙镇年画色彩的特点之一是以墨压色，以黑线为主，因此线条比其他地方年画更加粗犷、简练。特点之二是色彩对比强烈，但色彩平衡性较好，因此在设计中既要注重色彩的明暗变化，又要在构图上处理好色彩平衡。通常民间画稿对墨线版要求很高，力求达到构图丰满，线条清晰有力，且每一幅线版都可以单独成画。

5．刻版

将画稿用粉糊反贴在刨平的木板上，用拳刀等刻版工具将墨线与色块镌刻出来，镌刻技术与其他木版年画划刻方法相同。

①周东海：《论朱仙镇木版年画的色彩表现》，《河南大学学报》（社会科学版），2002年7月，第42卷第4期。

图 3–44　夹纸

6．刷印

即将版样印于纸上。朱仙镇木版年画全部采用套色印刷，不加任何手工描绘。套色印刷是用已雕好的多个不同颜色的木版依次套印在纸上，每版一色。一般年画不超过五套版，多只用红、黄、绿、蓝、紫，虽然用色不多，但由于经过了精心的艺术处理，致使朱仙镇年画在色彩的表现上具有以少胜多的特点。

刷印时，刷工将200张（行话“一块”）纸折成“S”形，用竹制夹板固定在印刷案板的右侧，案板的左边放置颜色盆及色刷，左手翻纸，右手以棕刷抚拭纸背将印版上的颜色转印到纸面上。为了保证一批印刷出的画稿套色准确、颜色浓淡一致，刷印力度必须均匀，200张纸的印刷也必须一气呵成。

朱仙镇木版年画套色印刷程序有严格规定，先墨版，后色版，最后套金粉。即第一版必须为墨版，包括黑色的主版与用于表现须发等细线的“二

图 3-45　刷印

黑版”。第二版开始为色版，依次为红版、绿版、黄版、紫版，最后为套金。配色的浓淡程度是“四重两轻”，即红、绿、黄、紫四色要重，桃红、淡墨宜轻。有时为了增加艺术性，还需在神像人物的眼眸、胡须、服饰处加套水墨、金粉，在人物眼睑的双眼皮之间套印丹红。在刷印时要随时注意版片是否移动，若有移动，立即加以校正。

另外，朱仙镇木版年画还有一种独特的镂版印刷技法：先用素纸数张裱厚，融黄蜡浸匀，干后将需套印之处镂空，用色漏于画纸上。此乃民间古法印画之秘，唯见于朱仙镇，他处皆已不传。

7．晾画

每套印一版之后，需要把刚印过的纸张晾一下，让印在纸上的颜料中的水分适当地散发。晾画口诀是“晾画不能急，八成即可以”。晾画一般采用室内阴干的方法，适宜温度为20度左右，晾画时间晴天一天即可，如遇

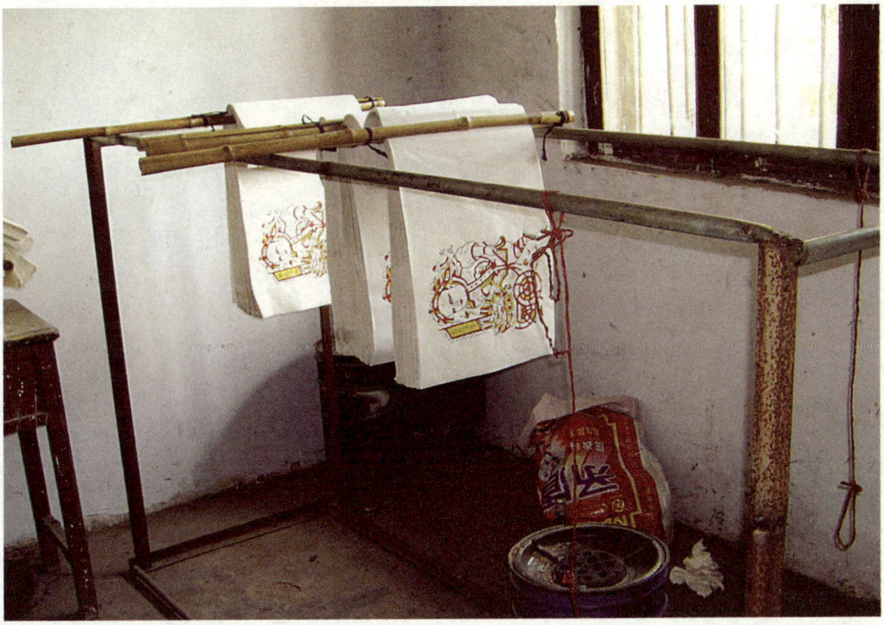

图 3-46　晾画

阴雨天以及冬季年关临近，需要量大不得不尽快晾干时，艺人们会在室内生火炉帮助升温。晾画的时间不能过长，以免纸张过干，否则会套色不匀出现斑点。

第四篇

饾版与拱花印刷

套版印刷是我国继发明雕版印刷之后对世界印刷技术的又一重大贡献。这种最早应用于纸币的套版印刷技术，经过几百年的演进，至明代天启、崇祯年间，徽州人胡正言，巧手妙心，超越前代，创饾版工艺之新蹊，开拱花印刷之先河，一改前代普通套版印刷之缺陷，集饾版与拱花印刷于一身，融有色与凹凸印刷为一体，所制作品妍妙曲致、清雅无华，将我国古代雕版印刷技术推向峰巅，令后人赞叹不绝。

一、饾版印刷

何谓饾版？张秀民认为："把每种颜色各刻一块木版，印刷时依次逐色套印上去，因为它先要雕成一块块木版，堆砌拼凑有如饾饤，故明人称为'饾版'。饾版是很细致复杂的工作，先勾描全画，然后依画的本身，分成几部，称为'摘套'。一幅图画往往要刻三四十块版子，先后重印六七十次。把一朵花或一片叶，要分出颜色的深浅，阴阳向背，看起来好似北宋人的没骨画法。"①钱存训说："中国的套色木版印刷术又名'套版'或'饾版'，是用一套位置准确叠合的多块雕版，依次以不同的水彩颜色在纸上叠印的技艺。"②而笔者以为，饾版印刷是以书画复制为目的，以追求原作神韵为目标，以木版水印为手段，集绘、刻、印技术于一体，运用生宣承印、湿纸印刷、一版多色、高度仿真四项新工艺的特种印刷技术，是现代"木版水印"之鼻祖，也是迄今为止中国书画作品复制的最佳方法。

（一）饾版印刷源流

饾版印刷是在套色印刷基础上发展起来的。从现存文献来看，我国套

①张秀民：《中国印刷史》，上海人民出版社，1989年，第451页。
②钱存训：《纸和印刷》，科学出版社，上海古籍出版社，1990年，第277～278页。

色印刷最早的应用实例是北宋真宗大中祥符四年（1011年）四川印制发行的交子。这些交子“用同一色纸印造。印文用屋木人物，铺户押字，各自隐秘题号。朱墨间错，以为私记”[①]，是目前可见文献中记载最早的两色套印实例。

宋徽宗崇宁四年（1105年）印刷钱引时，也使用了当时先进的套印技术。彭信威根据元代费聚《楮币谱》中的记载曾说：“每张钱引用六颗印来印制，分三种颜色，这是多色印刷术的开始。第一颗印是敕字，第二是大料例，第三是年限，第四是背印，这四种印都是黑色。第五是表面，用蓝色。第六是红团，用红色。六颗印都饰以花纹，例如敕字印上或饰以金鸡，或饰以金花，或饰以双龙，或饰以龙凤。每界不同……拿整张钱引来说，最上面是写明界分，接着是年号（如辛巳绍兴三十一年），其次是贴头五行料例（多是些格言），其次是敕字花纹印，其次是青面花纹印，其次是红团故事印，其次是年限花纹印（多为花草），再其次是背印，分一贯和五百文两种，最后是书放额数。”[②]由此可见，钱引是用四块黑版、一块蓝版与一块红版，经黑、蓝、红三色套印而成。这可能是套色印刷中最早使用三色套印的实例。

南宋时期的关子也是套色印刷的经典范例之一。1983年7月在安徽省东至县废品中转仓库内发现的东至关子钞版是我国目前所发现的最完整的宋代钞版。这套关子钞版包括：票面文版、尾花版、劾准版、关子库印、关子监造印、国用钱关子印、关子富富印、颁行印，共八块。其套印方法在《宋季三朝政要》卷三中有明确记载：“景定五年元旦造金银见钱关子，以一准十八界会之三，出奉宸珍货（原注：别本作宝）收弊材，废十七界不用。其关子之制，上黑印如西字，中红印三相连如目字，下两旁各一小长黑印，宛如一贾字。”由此可见，当时套色印刷的精度非常之高，套色印刷

① 《宋朝事实》卷十五，文渊阁《四库全书》本。
② 彭信威：《中国货币史》，1965年，第433页。

的技艺也已经相当成熟。

元代是套色印刷技术从钱币印刷向书籍印刷延伸的重要时期，元顺帝至元六年（1340年）中兴路（今湖北江陵）资福寺的朱墨两色套印本《金刚般若波罗蜜经注解》（简称《金刚经注解》）是目前发现年代最早、套印技术运用娴熟的套色书籍印刷精品。

图4—1　朱墨两色套印本《金刚般若波罗蜜经注解》

明代是彩色套印技术全面发展的时期。1602年由安徽歙县黄尚文（字希周）作传，程起龙（字伯阳）绘图，黄应瑞（字伯符）刊刻出版的《闺苑十集》是在原刊单印本《古今女范》四集的基础上另增《皇明内训》、《女孝经》、《女论语》、《女诫》等六集而成。这套《闺苑十集》的特点在于增补了加有批评圈点的朱版，并使用了套色印刷技术。

明代万历年间，套色印刷技术在江苏吴兴的一些私家书坊中得到广泛的运用。他们以2～5种颜色套印了几百种经典著作、插图小说、杂剧戏文及医药书籍，其中最有名的是闵、凌两氏家族。叶德辉在《书林清话》中说："朱墨套印，明启祯间有闵齐伋、闵昭明、凌汝亨、凌濛初，皆一家父子兄弟刻书最多者也。”在吴兴最先使用套版印刷的是闵氏家族中的闵齐伋，他与家人首次用朱墨两色套印的书籍是《春秋左传》，时间在万历四十四年（1616年）。该书卷末题有“万历丙辰夏吴兴闵齐华、闵齐伋、闵象泰分次经传”。关于刊刻该书的目的，闵齐伋在《凡例》中云：“旧刻凡有批评圈点者，俱就原版墨印，艺林厌之。今另刻一版，经传用墨，批评以朱，校雠不啻三五，而钱刀之靡，非所计矣。置之帐中，当无不心赏，其初学课业，无取批评，则有墨本在。”明确表达了闵氏之所以不惜工本刻印了这本彩色批点书籍，是为了满足当时民众对套色印刷批点书籍的需求。其后闵氏家族又相继用朱墨两色套印了《老子》、《庄子》、《列子》、《楚辞》、《东坡易传》，用三色套印了《孟子》、《战国策》，用四色套印了《国语》等，总共约套色印刷了不下100种书籍，内容偏重于经史[①]。对于闵氏的印刷质量，《乌程县志》称：“闵本五色字版，雅丽精美，足为千古传颂。”

江苏吴县凌氏家族中的凌濛初（1580～1644年）是影响较大的另一位套色印刷者，套印书籍数量较多。另外，凌氏家族中的凌瀛初也曾于万历九年（1581年）刻印了四色套印本《世说新语》8卷，其中刘辰翁的用蓝色，王世贞的用朱色，刘应登的用黄色，其余用黑色。

明代也是彩色套印版画兴起的时代。早期的实物是郑振铎先生得到的一本彩印《花史》[②]，原书可能是分为春、夏、秋、冬四卷，现残存夏卷、秋卷与冬卷。每页先列彩色的花卉图，后附简略的说明和种植法，卷后附有古人诗歌若干首，名为“花史”而实为一部花卉谱录。其印刷时间，郑振铎、赵万里与王重民倾向于1600年，初印本还应稍前[③]。有关《花史》的彩色印刷方法，郑振铎认为：“是用几种颜色涂在一块雕版上，如用红色涂在花上，绿色涂在叶上，棕色、黄色涂在树干上，然后覆上纸张印刷出来

①陶湘：《明吴兴闵版书目》，《青鹤》1973年第5期。
②该书现藏中国国家图书馆。
③王重民：《套版印刷法起源于徽州说》，《安徽历史学报》创刊号，1957年10月，第31～38页。

的。”笔者通过对实物的观察也认为秋卷中的“十样锦”一图，是在一块版上涂两种颜色印刷而成的，蓼花是在一块版上涂三种颜色印刷而成的，这种一版多色的套印方法，虽然可以节约套版，但印刷中两种或两种以上颜色相交之处产生的混色如果处理不好则会影响整个画面的美观。

印刷于1605年的程氏《墨苑》，是明代套色印刷技术水平高度发展的见证。《墨苑》凡12卷(附“人文爵里”9卷)18册，由明代歙县制墨名家程君房编撰，著名画家丁云鹏绘图，徽州黄氏木刻名工镌刻。程氏《墨苑》共收录程君房所造名墨图案520式，分元工、舆地、人官、物华、儒藏、锱黄六类，另有“人文爵里”部分，专门辨析程氏与方于鲁、程大德诸人之间的仇怨。程氏为了增加《墨苑》的知名度，约请了当时诸多名流作序，除程氏本人写于1594年的自序外，尚有申时行、董其昌、利玛窦等人的17篇序文。程氏《墨苑》图稿精丽绝伦，绘刻精妙入神，尤其是其中50幅彩色套印图版，多为四色、五色套色印刷而成，其套印技艺之精湛，是明刊其他墨谱所无法比拟的。

刊印于1606年的《竞春图卷》（后易名为《风流绝畅》）可视为饾版印刷发明之前套色印刷的巅峰之作。《唤庄生》是《风流绝畅》中的第七图，也是此画册中便于公开发表的一幅。图中红烛高烧，男主人神态安详地伏在书桌上睡着了，女主人身穿红裙立于男主人身后，关切地以手轻拍男主人想唤醒他。该图共使用

图4–2 《唤庄生》。选自［荷］高罗佩《秘戏图考》

了浓黑、浅黑、浅蓝、浅红、深红与深黄六种颜色的套版，分六次套印而成。整幅作品不仅布局合理、比例适当、镂刻精细，而且分版合理、用色考究、套印精确，其套印误差甚至不超过1毫米，标志着我国图绘套色印刷技术在作品的敷色与刷印技巧上已达到很高的水平。

然而，如果用上述套色印刷技术来复制笔墨酣畅的中国书画作品，尤其是写意画时，就会出现一些自身难以克服的缺陷：其一，套色印刷的承印材料是普通的印书纸。由于印书纸在抄造与后期加工工艺上的特殊性，纸张的吸水性、走墨性等与写意画使用的生纸性质不同，所以可以在生纸上产生的水墨韵味在印书纸上却难以体现。其二，套色印刷使用的是湿版干纸印刷方法。由于木质雕版本身所能吸附的颜料明显少于毛笔这类书画工具，版面不可能蓄积数量较大的水性颜料，从而也难以在干纸上产生水墨淋漓的写意画效果。其三，套色印刷采用的是一版一色的分版方法。由于基本上不考虑不同套印色版间的颜色过渡问题，也不考虑同一版中不同色彩或相同色彩浓淡之间的过渡是否自然，因此用这些一版一色的套版不可能达到浓淡相间、色调间过渡自然的写意画效果。其四，套色印刷具有用色浓厚、色彩亮丽、热烈火爆的艺术特点，色彩与原作相去较远，印出的作品难以酷似原作。

饾版印刷正是为了克服套色印刷缺陷，实现中国书画作品尤其是写意画的复制而发明的。其发明人是寓居南京的安徽休宁人胡正言①。胡正言字曰从，号十竹主人、默庵老人。明万历十二年（1584年）秋九月出生于安徽休宁文昌坊。自幼聪颖，少年游学四方，约1610年定居金陵上元，居鸡笼山侧，斋名“十竹”。胡正言创立饾版的主观原因是出于对明代中期写意花鸟画大师陈淳及其弟子沈周、文征明等的敬慕，客观原因是为了顺应社会上对写意花鸟画谱的需求。为了用印刷方法复制写意花鸟画谱，胡正言

①方晓阳：《饾版印刷术之研究》，见《中国印刷史学术研讨会文集》，印刷工业出版社，1996年。

图 4–3　胡正言用饾版印刷的《十竹斋笺谱》选页（中国国家图书馆）

与工人们通过长期的绘、刻、印实践，将套色印刷的承印材料从普通印书纸改为生纸，将湿版干纸改为湿版湿纸，将一版一色改为一版多色，将色彩失真改为色彩仿真。使用与原作相同的纸张、水墨与颜料，依照原作的用色、用笔及笔墨顺序进行分版设色、依次印刷，从而为中国书画作品尤其是写意画的复制开辟了新蹊，将我国传统雕版彩色印刷技术推向了峰巅。这种印刷技术早期被胡正言称为“閗”，直到1645年江南名流李克恭为《十竹斋笺谱》写的序中首用“饾版”①之后，“饾版”一词才随着《十竹斋笺谱》广为流传。

明清两代著名的饾版印刷代表作主要有：明代天启年间徽州休宁人胡

①李克恭《十竹斋笺谱·序》：“昭代自嘉隆以前，笺制朴拙，至万历中季稍尚鲜华（而）未盛也，至中晚而称盛矣，历天崇而愈盛矣。十竹斋诸笺汇古今之名迹，集艺苑之大成，化旧翻新，穷工极变，毋乃太盛乎？而犹有说也，盖拱花饾版之兴。”见李克恭《十竹斋笺谱·序》，北京荣宝斋重印本，1952 年。

正言辑摹刻印的《十竹斋书画谱》，明代天启六年（1626年）吴发祥刻于金陵的《萝轩变古笺谱》，1645年胡正言刊刻的《十竹斋笺谱》以及约与《十竹斋笺谱》同时问世的《殷氏笺谱》。而清康熙十八年（1679年）出版的《芥子园山水画谱》以及其后陆续出版的《芥子园画谱》等，在雕刻印刷技艺上未有提高，其作品质量与胡正言、吴发祥的相比差别不大。

20世纪三四十年代，鲁迅与郑振铎合作刊印《北平笺谱》与《十竹斋笺谱》，前者刊印了200部，后者刊印了300部。其中《十竹斋笺谱》所用版本为通县王孝慈先生藏本，“编者鲁迅、西谛（郑振铎笔名），画者王荣麟，雕者左万川，印者崔毓生、岳海亭，经理此事者北平荣宝斋也。纸墨良好，镌印精工，近时少见，明鉴者知之矣”[①]。其中崔毓生、岳海亭是当时荣宝斋指导印刷的师傅，崔毓生的徒弟徐庆儒是《十竹斋笺谱》的主要印刷者。

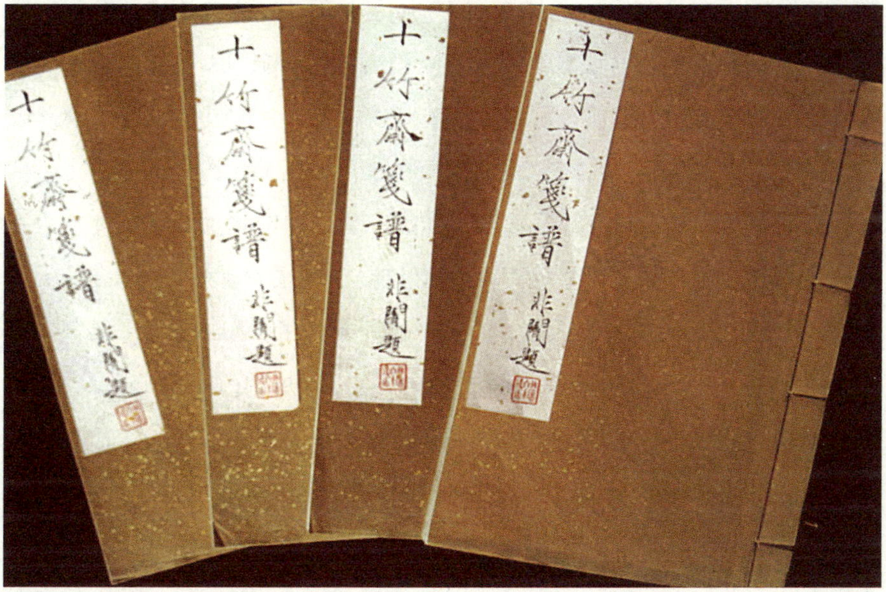

图4–4　荣宝斋重刊《十竹斋笺谱》

①鲁迅：1934年重刻《十竹斋笺谱》序。

图 4–5　荣宝斋木版水印《韩熙载夜宴图》局部

1950年，荣宝斋成为出版总署领导下的企事业单位之一，在党和政府的重视和领导下，饾版印刷技艺也得到了新生。为了通俗易懂，“饾版印刷”一词改称为“木版水印”。1952年，《十竹斋笺谱》再一次重印，传统的饾版、拱花在此得到极好的传承与发展。其作品“或恬静若夕阳之明水，或疏朗开阔若秋日之晴空，或清丽若云林之拳石小景，或精致细腻若天方建筑之图饰，隽逸深远，温柔敦厚。表现现实或不足，而备具古典美之特色”①。

其后，荣宝斋的木版水印技术不断提高，从只能印大不盈尺的诗笺画谱发展到能够复制大幅画作，知名的有《奔马图》、《簪花侍女图》、《踏歌图》、《百花齐放》等。后来，荣宝斋又在继承印刷纸本国画的基础上，经过反复的摸索和实践，将木版水印技术推广到绢本国画上。荣宝斋木版水印技术的巅峰之作是《韩熙载夜宴图》，这是一幅绢本国画，在长达3米的画卷上，一共出现了49个人物，人物神态各异，栩栩如生，为了复制这幅画，共刻了1667套版，每幅需印刷6000多次，使用了与原画完全相同的材料和颜料，将木版水印技术发展到了顶峰。

国内从事木版水印的另一重要单位是上海朵云轩。1958年，《十竹斋笺谱》的主要印刷者徐庆儒调往上海朵云轩任水印技师，成为上海朵云轩木版水印业务新发展的标志之一。1981年，上海朵云轩复制了明末吴发祥

①郑振铎：1952年重刻《十竹斋笺谱》序。

的《萝轩变古笺谱》，传统的饾版、拱花技术在这套仿古精印本中得到了极好的体现，为饾版、拱花技艺的传承与发展做出了重要贡献。

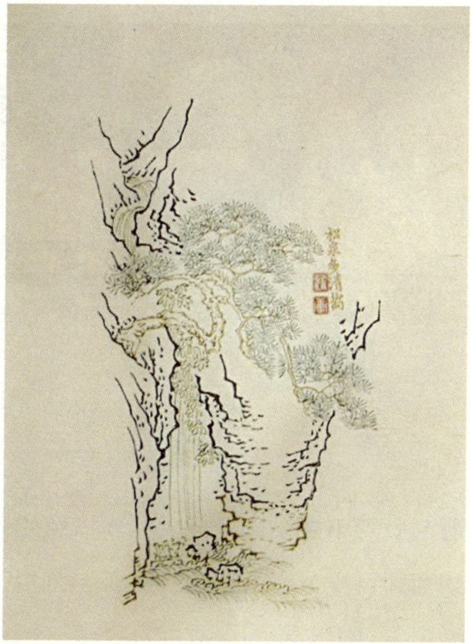

图 4-6 上海朵云轩木版水印《萝轩变古笺谱》

(二)饾版印刷技艺

1. 绘稿

(1) 选画　要求是既要选用名家的精品，又要符合当时人们的审美情趣，同时还要考虑到饾版印刷本身的特点，以免造成饾版复制工艺太过繁缛。

(2) 分版　分版又称为“摘套”，是将原画按颜色及画家用笔的枯湿浓淡、设色的微妙变化等分成若干块大小不等的版面。分版的合理与否不仅决定饾版操作工艺的繁简，而且直接影响饾版印刷成品的质量。分版前首先要对原作进行认真的揣摩，深入了解原作的用笔、用色、结构，根据原作的笔墨技巧结合饾版印刷的操作工艺，细心解剖笔、墨、色，将原稿分解成若干块小版。在一般情况下，分版的原则是一版一色，但有时为了使色彩浓淡过渡自然或体现出一笔多种色彩的技法，也可采用一版多色的分版方法，也就是将两种或两种以上的颜色用一块版来印刷。如范曾的《稚子》一画就被分解为全身墨线版（一版多色）、脸部色版（一版多色）、嘴唇色版、发髻版等 36 块印版。

(3) 勾描　勾描是用透明度较高的雁皮纸覆盖于画稿上，用小楷毛笔根据分版要求将原作勾描成若干块彼此独立的待刻稿。勾描前首先要对原作的用笔、结构、设色、用墨进行细致的揣摩，一丝不苟地把需要勾描出来的地方全部描下来。勾描中需注意不仅要勾出其形，而且要不忘其神。特

图4–7　勾描

别要注意线条的运笔动势，将原作勾描得既精确又不失神。另外要注意用一定的记号将需要刊刻及需要保留的部分标记清楚，一般的方法是在需要保留的部分画上45度的斜线，这样就会提醒刻版者不要误刻。最后将勾描后的稿件一一注明号码，经与原稿核对无误后即可交下道工序进行上版与刻版。

2．**制版**

（1）版材选择　由于饾版印刷需要表现多种中国画的技法与风格，因此版材选择要与书画种类以及表现形式相统一。对于一般的墨线版，常选用木质细滑、材质均匀的梨木与木质较硬、材质细坚的枣木；对于需要刻出细如发丝线条的版，选用纹理细腻的黄杨木；对于用来印刷大块颜色的色版，可以选用梨木、杨木、柳木等；有时为了刻意表现出山石的粗糙等，则专门选用纹理粗糙的木材，并且故意不将木材处理光滑。总之，饾版印刷选用的木材不拘一格，全凭印刷者根据具体情况分别对待。

（2）版材处理　其锯板、浸沤、干燥、平版等工艺与雕版印刷相同。

（3）上版　选择略大于勾描稿的木板，在需要进行镌刻的一面薄而均匀地刷上一层稀糨糊，然后将勾描稿的正面朝下贴在木板上并用棕把扫平或用手抹平。上版时需要注意的事项，一是粘贴平整，防止变形；二是将包裹在木板与勾描稿之间的气泡全部挤净，以防止勾描稿部分脱落致使错刻或漏刻。

（4）刻版　镌刻时根据需要选用拳刀或斜口刀，刻版的手法也可根据所刻部位是在线条的左边还是右边而采用不同的刻法。总之，两手要注重配合，握刀要稳，下刀要准，走刀要流利，一丝不苟，一刀一刻都要清楚、巧妙地交代，务必做到刻出的字迹或图案与勾描稿完全一致。

图 4–8　刻版

（5）打空　饾版的打空与雕版印刷打空时使用的工具及方法完全一致。以左手握住曲凿，使凿口对准要剔除的部分，右手用小木槌在曲凿的底部敲击，用力大小与需要凿掉部分的大小或深浅有关。打空时可根据不需保留部分面积的大小选择大小不同的圆凿，但切忌用力过猛，更不能急于求成，以免将已经镌刻好的线条碰坏或凿掉。

（6）修版　技法与雕版印刷相同。经过修正后的印版就可以根据标号收起来，待全部印版都镌刻好后进行印刷。

图 4–9　已经部分刻制与打空的印版

3．**刷印**

刷印是饾版印刷的最后一道工序，也是作品质量控制的最后一个环节。若想将原作的神韵充分体现，刷印者必须心灵手巧。诚如李克恭在《十竹斋笺谱·序》中所强调的：“至于印手，更有难言。夫杉杙棕肤，考工之所不载；胶清彩液，巧绘之所难施。而若工也，乃能重轻匠意，开生面于涛笺；变化凝神，夺仙标于宰笔。玩兹幻相，允足乱真。并前二美，合成三绝。”

（1）选纸　对于纸本画而言，选用与原作相同或相近的纸张；对于绢本画而言，则选用与原作相同或相近的丝绢，以此取得最佳复制效果。由于纸张在饾版印刷中需要多次闷水与刷印，因此选用具有足够的强度与较好艺术表现力的二夹宣最为适宜。据相关资料记载，北京荣宝斋复制《十竹斋笺谱》与上海朵云轩复制《萝轩变古笺谱》时选用的都是夹宣。印刷用纸选好之后，有时根据需要还要“做旧”与“磨砑”。所谓“做旧”是将纸张用染色或其他的方法加以处理，使之产生出一定的“陈旧”感。所谓“磨砑”是通过砑磨使纸张表面平滑。磨砑的方法很多，通常做法是将纸张铺在表面平滑的桌面上，用表面光滑的鹅卵石或蚌壳在纸面上用力磨砑，直至将整张纸都磨砑平滑为止。

（2）固纸　纸张的固定方法与套色印刷相近。总之，既要有利于湿纸与晾干，又要方便对版与印刷，还要防止纸张间因相互粘连而发生污染。

（3）湿纸　这是饾版印刷的关键技术之一，是有效克服普通套色印刷中湿版干纸印刷弊病的一项重要创新。湿纸的操作方法是在纸张固定以后，每隔一张或数张用水喷雾润湿或直接在纸面上洒水，但喷雾润湿的方法更易使水分均匀。润湿纸张的水量依据即将印刷的画面内容而定，如果印刷的是墨迹滋润漫漶的渲染，就多喷一些；如果印刷的是干枯瘦劲的皴擦则应该少喷。纸张喷水后要用油布或塑料布蒙盖不使水分蒸发，促使水分渗透均匀。通过调控纸张水分含量的变化，结合刷色、擦印，就可使印刷品表现得或凝重，或滋润，或轻灵，或苍劲，将中国书画作品中的神韵一一表现得淋漓尽致。

（4）对版　为了保证每次套印都能准确，除了纸张需要固定外，每块印版也必须固定在相应的位置。对版的方法采用与普通套版印刷相似的摸对法，十分快捷、准确、便利。饾版摸对法是先在一张纸的背面将整幅作品中每块印版的位置标出来，再将这张标有印版位置的纸张与其他待印刷纸张一起固定在印刷台上，标有印版位置的纸放在第一页。对版时，左手将标有印版位置的纸翻到印刷台左侧的印版上方拉平，右手一边在纸下移动印版，一边不时地从纸背面向下摸压。当纸面下的印版与画在纸背面上的印版位置重合时，此块印版的位置就算对准了。这种对版方法不受复制画面大小及分版多少的影响，只要保证每次拉纸刷印时的手法与力量相同，就可以达到很高的套印精度。

（5）固版　印版对准之后，左手扶住印版不让移动，右手将标有印版位置的纸张翻回到印刷台的右侧。再用已经烤软的松香与蜂蜡共熔物或黑膏药油等粘版胶揪成几个小团，分别放在印版的几个边角下，将印版粘在印刷台上。粘好后再将标有印版位置的纸张翻过来核定一下位置，如稍有差距，则趁粘版胶尚未完全固化时，可做小范围调整。若粘版胶冷却固化后，就不易移动调整了。印版印完后，用木榔头从印版的侧面轻轻敲击，使印版从粘版胶上脱落下来，十分便利。

（6）调色　调色的关键之一，是颜料、水与胶三者的比例。水多则色浅，胶多则画面出现麻点；水少则色深，胶少则颜料容易从纸面上脱落。故有“胶清彩液，巧绘之所难施”之说。调色的关键之二，在于使调出的色调与原作几乎完全相同。这项工作一般由经验丰富的专人承担，同时必须采用边调、边刷、边印、边比较的方法，通过不断的调整使调出的颜色逼近原作。

（7）刷色　先用毛笔蘸少许颜料放在大瓷盘中，左手持棕把在瓷盘中打圈将色彩均匀地蘸在棕把上，然后用棕把在印版上打圈把颜料均匀地转到印版上。精细的地方要用毛笔蘸色在印版上涂色，与画家在纸上作画相仿。有时为了表现出原画中一笔多彩的效果，要采用一版多色的技法。技法一是，先在印版的某个特定区域内刷上一种颜色，然后在同一区域或另一个区域内涂上另一种颜色，俟两种颜色的混合达到预定效果时，及时覆纸印刷。技法二是，在一块版上刷色印刷之后，立即用另一种颜色刷在同一块印版上事先标出的位置上，立即覆纸进行重叠印刷。运用一版多色的技术不仅可以很好地表现出树干或叶片的阴阳向背、色彩的浓淡变化，达到色彩过渡自然、变化天成的艺术效果，而且可以减少套版数量。只要时间、湿度控制得好，就可以印刷出与原作相同的效果，而无须用三四十块版印五六十次来求阴阳向背、颜色深浅。这种利用颜色浓度促使不同颜色相互渗透叠加产生新色彩的方法是饾版印刷的创新之处，这种方法在一定程度上与现代印刷技术中通过三原色组合成新色彩的印刷思想十分相近，对后世彩色印刷术的进步起到了不可低估的影响。

（8）刷印　左手拉住纸张的一端，用力适中，不偏不倚，对准版面后稍稍放松，右手持耙子在纸背面自右向左地将纸张压到印版上，然后或用耙子进行压擦，或用指肚或指甲进行压按，全凭印刷者对原作的理解与表现。如指甲擦印可用于表现铁画银钩的线条，指肚轻按可表现柔和圆润。这种不同刷印“工具”适时运用、软硬兼施、刚柔相济的做法，充分地体现了饾版印刷的特色，表现了复制中国书画作品所运用的技巧与神韵。这种独特的印刷工艺是其他套色彩印所无法媲美的。

图 4–10　饾版印刷并经装裱后的作品

（9）晾干　一张纸擦印完毕后，左手将纸从印版上揭起，两手配合将纸张放到印刷台中间的空隙处，使纸张呈自然下垂状态，这样两张纸之间就不会彼此粘连，从而避免相互污染。一块印版印完之后，将原晾于印刷台中缝的纸张全部翻回到印刷台面的右侧，换上另一块印版，经对版、固版后，重复上面的印制过程。在印制过程中，如果因为纸张中的水分蒸发而变干时，要适时根据情况对纸张进行喷水补湿。

（10）装裱与装订　全部印版印刷完毕后，松开压纸杆，将印好的纸张取下来。剔除有缺陷的印刷品，合格的印刷品就可以进行装裱或装订了。

二、拱花印刷

拱花是我国古代无色印刷的一种，穷巧极工，凹凸雅致，清新淡泊。一笺之中，虫鱼花鸟，翎羽筋脉参差；商彝周鼎，纹饰雕镂毕现。祥云袅袅于山林丘壑，水波潺潺于河溪山涧。名曰“无华”，实为浮雕，辟无色有形于新径，诚凹凸印刷之先驱。

（一）拱花印刷源流

有关拱花的技术渊源，张秀民先生以为“梁代用石头把纸砑光，称砑光纸。五代姚颢子侄，善造五色笺，号砑光小本，用刻着很细的山水、花鸟、虫鱼、八仙的沉香木当砑纸版，用这种砑纸版砑过的纸，疑与明末压印的‘拱花’相类似”[①]。但笔者以为“砑光”与“拱花”是有区别的。

其一，“砑”是指纸或布匹等物体经过碾磨坚实发亮光紧平滑。如《玉篇》言：“今之布匹及纸用石碾砑者，俗名砑光布、砑光纸。”现存苏州丝绸博物馆的石碾是由形如银元宝的大型石碾与半圆形的碾石组成。碾砑时将纸或布匹置于形如银元宝的大型石碾下，技工两脚踩在半圆形的碾石两

①张秀民：《中国印刷史》，上海人民出版社，1989年。

图 4–11 用石碾碾砑布匹

端，两手扶在木架上，踩动碾石进行碾砑。因此，用碾砑法得到的纸张应该是表面光紧平滑，而不会有凸出纸面的浮雕状的拱花。其二，姚颢子侄的砑纸版是阴刻还是阳刻文献未作交待，从其具有“纹缕奇细”的花纹来分析，通常只有当姚颢子侄的砑纸版为阳刻时，这些刻在版上的山水林木、折枝花果、狮凤虫鱼等线条才会跃然版面，出现“纹缕奇细”的效果。其三，从制作方法来分析。北宋苏易简在《文房四谱·纸谱》中谈到四川造十色笺时说：“逐幅于文版上研之，则隐起花木鳞介，千状万态。”这说明用砑纸版砑过的纸并非凸起纸面的拱花，而是表面并无凸起但迎光可见的一种潜在花纹。潘吉星先生曾说过，所谓水纹纸、帘纹纸或砑花纸，有一种潜在的美，迎光看时，除帘纹外还可见发亮的线纹或图案。这种纸的制法有二，一是在纸帘上用线编成纹理或图案，凸起帘面，抄纸时此处浆薄，形成透亮的纹理。二是用雕有纹理或图案的木制或金属制的模子用强力压印纸面[①]。其四，从现存实物来看，“拱花”实物最早出现在《十竹斋笺谱》、《萝轩变古笺谱》与《殷氏笺谱》之中。其五，“拱花”

①潘吉星：《中国古代加工纸十种》，《文物》，1979 年第 2 期。

一词最早也仅出现在明末清初的《十竹斋笺谱》之中。

拱花印刷既然与砑花不同，那么它究竟源自何种技术呢？笔者在研究中国传统制墨工艺时发现，用阴刻模版拱压出凸如浮雕、层次分明的拱花，与利用阴刻墨模挤压出层次分明、凹凸有致的墨锭，在模版制作工艺与产生浮雕状效果的方法上非常相像。拱花的技术渊源与墨模的制作技术有着不可分割的技术渊源[①]。首先，墨模与拱花版同为木质，且两者均用质地细腻坚实的木材雕刻而成。其次，具有一定塑性的墨剂经墨模挤压后，表面拱出的浮雕效果与纸张在拱花版上拱出的效果异曲同工。其三，墨模与拱花版阴刻线底部处理技术完全相同。其四，更重要的是有些墨模不需做任何加工，可以直接用作拱花版，制造出凸如浮雕、层次分明的“拱花”。

图 4–12　左侧为木制墨模，右边纸上是用此墨模压制的“拱花”

①方晓阳：《拱花印刷术渊源初探》，《中国印刷》，1994 年第 2 期。

至于拱花的发明人，笔者认为是明末清初寓居南京的徽州休宁人胡正言[①]。

（二）拱花印刷技艺

拱花可分为白拱与色拱两种。白拱是在一张笺纸上不做其他印刷，没有任何色彩，直接在本色纸张上拱压出纸面呈浮雕状图案的拱花作品，以表现淡泊清雅为主题。色拱是饾版与拱花相结合的产物，将彩色画面上的点线面与凸出纸面的高低不同层次的浮雕有机地组合在一起，使整个画面更加错落有致，幽雅超凡。从印刷技术上看，白拱只需用拱花版拱印一次，而色拱则需先在笺纸上进行彩色饾版印刷，然后再进行拱花印刷。

图 4–13　《十竹斋笺谱》中的白拱

图 4–14　《十竹斋笺谱》中的色拱

①方晓阳：《拱花印刷术渊源初探》，《中国印刷》，1994 年第 2 期。

1．勾描

由于拱花为凸出纸面形同浮雕的无色印刷，因此在勾描时要采用透明度很高的纸张。现在的做法通常是先用透明涤纶薄膜覆在原作上进行第一次勾描，然后再将雁皮纸覆盖在薄膜上进行第二次勾描。拱花的勾描是件十分精细的工作，首先要细心揣摩原作，勾描时要绝对忠实于原稿；其次，要根据凸出纸面的拱花进行观察分析，分清层次，在勾描稿上作出不同凹凸程度的记号，以标明刻制的深度、层次等，以免误刻。

2．刻版

（1）版材选择　拱花印刷制版所选用的木材既要求材质细腻，以保证能镌刻出层次分明、纤细如发、立体感强的拱花，又要求材质坚硬，以保证在拱花印刷中能承受较大的压力。主要选用木质坚硬、材质较为细腻的杜梨木（Pyrus bdtulaefolia Bge），材质较为坚硬、质地紧细的枣木，材质硬度适中、纹理细滑的梨木也可选用。

（2）版材处理　其锯板、浸沤、干燥、平版等工艺与雕版印刷相同。选用的拱花版尺寸要比实际镌刻的拱花范围稍大一些，最好能等同于一张笺纸版面大小，这样在拱压时不至于拱到版的边缘，造成笺纸破裂。

（3）上版　与饾版印刷相同。

（4）刻版　由于拱花的技术要求是用阴刻的方法剔出凹槽，并且要将凹槽内的所有表面都处理得光滑并有一定的立体形态，因此刊刻拱花版必须有一套可供处理任何底面形状的精制刻刀。

（a）拳刀　与普通用于镌刻雕版和饾版的完全相同，主要用来刻制拱花的轮廓线。

（b）平口铲刀　主要用于铲平拱花的下底，使之平滑。为了获得不同宽度的平底凹槽，需要刀口宽度从 2 毫米到 1 厘米的刻刀若干把。

（c）圆口铲刀　主要用于加工出截面呈圆弧形的凹槽，为了获得大小不等的圆弧形凹槽，需要圆弧大小不同的圆口铲刀若干把。

（d）其他异形刀具　这是为了刻出形态复杂的拱花下底所必需的工具，可以直接采用市售成套的木刻刀，有时还需要根据刻制要求临时磨制。

图 4–15　拱花镌刻刀具

镌刻中握刀要稳，下刀要准，修理要细，务必使拱花的每一条凹槽都平滑圆润，并保证每个凹槽都符合要求的深度与光洁度。尤其对于立体感较强、形态比较复杂的作品，更需细心镌刻，层层深入，一边刻一边拱，不断用拱出的图案与原作进行比较。不要急于求成，否则一旦刻深了，则无法变浅，只好另取版材重新镌刻。另外，镌刻者必须经常对照原稿，并与勾描者反复磋商。

拱花无需打空，故不需任何打空工具。但版面必须平整，不得在花纹以外有一丝的凸起或凹痕，否则在拱花时，这些凸起与凹痕都将毫无掩饰地显现出来，必须引起注意。

3．拱花

拱花使用的主要工具是拱花棰。拱花棰为一根长约20～30厘米的圆形木棍，通常用黄檀制成。为了便于手握，其中间较细两头较粗，中间直径大约为5厘米，两头直径6～7厘米，通常用木工车床旋削而成。辅助用具主要是羊毛毡，其作用是放在宣纸与拱花棰之间，利用自身特有的弹性将宣纸压入拱花版纤细的凹槽之中。羊毛毡的厚度以3毫米较为适宜。因为羊毛毡太厚则难以将宣纸压入纤细的凹槽，太薄则可能在拱压时造成纸张移动。

图4–16　拱花版与拱花棰

（1）固版　拱花印刷用力较大，一不注意就会造成版面移动。所以拱花印版在印刷时必须进行固定。拱花版的固定最好用小钉沿拱花版的四周钉下，这样可以保证拱花时拱花版在桌面上不发生移动。如果拱花版不慎发生了移动，那么必须马上重新对版、固版。由于拱花通常与饾版印刷相配合，因此拱花通常在饾版印刷台上进行。

（2）备纸　色拱与白拱通常都选用生宣。色拱由于需要先进行饾版印刷，因此是在饾版印刷所用的生宣上进行拱花。而白拱选用生宣的原因在于生宣未经加工处理，纸纤维处于自然的卷曲松软状态，可在一定程度上拉伸而不会断裂。从笺纸的制作工艺上看，无论是需要进行色拱或白拱的纸张都要求先按饾版印刷所需纸张的要求处理，如打磨光滑、染色“做旧”等。

（3）固纸　拱花的固纸分为两种：对于色拱，因为色拱是饾版印刷与拱花印刷的结合，所以使用的纸张就是原来固定在饾版印刷台的纸张，不需另外固纸。对于白拱，由于拱出的位置应相对固定，因此拱花前也要固定纸张，拱花印刷纸张的固定方法与饾版印刷一样，具体操作可参阅饾版印刷相关内容。

（4）覆纸　拱花印刷的覆纸方法与饾版印刷基本相同，左手将待印纸张拉向拱花版的上方，然后轻轻地放在拱花版上。由于拱花印刷是干版干纸，而且通常是在饾版印刷全部完成之后，所以不必考虑颜色污染的问题。无论白拱还是色拱，它们在纸面上都有一定的位置，发生偏差则会影响套印精度，影响作品质量。因此覆纸后，左手通常拉住纸端不能放松，一直要到右手将羊毛毡覆盖在纸背面并按住后，左手才可接替右手从上向下按住羊毛毡，进行拱花印刷。

（5）拱压　左手按住覆盖在纸背面的羊毛毡，保证在拱压时不让羊毛毡发生移动，右手握住拱花棰的中部，将拱花棰的一头紧抵羊毛毡，一头紧贴右肩，用肩部与手的合力使劲向下拱压，使羊毛毡受力下陷而将纸张压向拱花版的凹槽中。在拱压中为了能观察拱出的效果，可以在不移动纸张的情况下，将羊毛毡轻轻向上揭起，看纸张压下去的凹痕。如果感觉纸张下凹得不够，则再将羊毛毡轻轻覆上继续拱压；如果感觉已经达得预定效果，则将纸张轻轻揭起翻到一边，进行下一张纸的拱压。在拱压时用力要刚柔相济，既重又稳，反复碾压，尤其要注意利用拱花棰的边缘部分，将羊毛毡下面的纸张压进拱花版的凹槽中，这样可以事半功倍地拱压出凸如浮雕、层次分明的拱花，令花蕊、翎羽、粼粼水波、悠悠白云等浮于纸面，而其余部分无一丝杂纹，这样就得到平整光滑的拱花作品了。

图 4–17　用拱花棰在拱花版上拱花

图 4–18 用色拱方法复制的笺纸